JN441172

망백의 언덕길에

이범찬 문집

마을

· 호 해암(海巖), 송암(松巖)
· 경기 여주 태생
· 서울대학교 법과대학 및 동 대학원 졸업
· 성균관대학교, 나고야경제대학(일본) 명예교수
· 『수필문학』(수필) 『문학시대』(시)로 등단
· 수필문학추천작가회, 문학시대인회 회원
· 한국문인협회, 국제PEN한국본부 회원
· 원종린문학상(작품상), 월산문학상, 수필문학상, PEN문학상, 상남문학상 수상

망백의 언덕길에

이범찬 문집

1판 1쇄 인쇄/ 2025년 3월 20일
1판 1쇄 발행/ 2025년 4월 1일

지은이 / 이범찬
펴낸이 / 우희정
펴낸곳 / 도서출판 마을

등록 ‖ 1993년 5월 15일 제3001-1993-151호
주소 03073 서울 종로구 성균관로5길 39-16
전화 ‖ (02) 765-5663, 010-4265-5663

값 14,000 원

*잘못된 책은 바꿔 드립니다.

ISBN 978-89-8387-371- 2 03810

이범찬 문집

망백의 언덕길에

마을

겨울 나그네의 몸부림

앞만 보고 달려오다 보니 어느 결에 망백의 언덕길에 들어섰다. 그 길이 겨울 나그네에게 이렇게 힘겨울 줄이야 어찌 상상인들 했던가.

달려온 길을 되돌아보면 세월이 빠르다. 아니, 세월이 빠른 게 아니라, 내 몸이 빨리 망가지는 것이란 생각도 해본다. 어떻게 해서든 현 상태로 건강을 유지하기로 마음을 다짐했다. 그래서 오후 2시면 '스포타임'으로 가서 운동을 한다.

운동복으로 갈아입고 4층 체련장으로 올라간다. 내 체력을 현 상태로 100세까지 유지하는 것이 목표다.

그런데 93세의 고개를 넘으니 그것도 점점 힘겨워지고, 걷는 것 자체가 나날이 어려워지니 한심한 노릇이 아닌가. 이제는 운동을 하는 것이 아니라, 사지가 굳어지지 않도록 관리를 하는 방향으로 바꿔야 하지 않을까. 운동은 심장에 부담을 주어 좋지 않다는 정보도 떠도는데, 심장에 스텐트를 두 개나 넣고 10여 년이나 살아왔으니….

그래서 2024년 여름부터는 체련장을 안 가고, 수영장으로 바로 가서 수중 걷기를 30분쯤 하고 나와, 온탕에서 15분간 몸을 데우고 마감을 하기로 했다.

인터넷에 떠도는 정보를 보면 맨발걷기가 건강에 좋다고도 한다. 그것을 믿고 매일 새벽 5시면 집 근처 횃불어린이공원의 모래사장에서 30분씩 맨발걷기를 했다.

최근에는 오후에 수중걷기를 마치면, 4시 30분에 구미동으로 자동차를 돌린다. 노령자들을 돌봐주느라 애를 쓰는 딸을 퇴근시켜주러.

자연의 순리대로 무리 하지 않고 가는 데까지 가련다. 겨울 나그네의 일상은 나날이 단조로워질 수밖에.

현상 유지나 하자. 힘들여 운동을 하려들지 말고 굳어지는 몸을 풀어나 주자. 마음 비우고 자연의 순리를 따라.

> 쉬엄쉬엄 가려해도 세월은 쫓아오고
> 할 일은 쌓였으나 점점 더 힘겹거니
> 마무리 빨리 하려도 마음만 급해지네
>
> -「망백의 언덕길에」

망백의 언덕길이 이렇게 힘겨운 것을 생각해보니, 나도 세월 따라 어김없이 겨울 나그네가 되고 말았다. 더 늦기 전에 삶의 마무리를 서둘러야겠다는 조급함이 앞서니 어찌하랴.

많은 작품 중에서 열정 독자들이 골라준 글들을 한데 묶어서 이범찬 문집으로 『골라준 글들』을 발간했다. 그러나 독자가 골라준 작품보다 훨씬 많은 작품들이 이 책 저 책 흩어져 있으니, 내 자신이 골라낸 '이범찬 문집'으로 묶어, 독자들의 고견과 편달을 받기로 했다.

끝으로 어려운 때에 까다로운 편집 작업을 흔쾌히 맡아주신 소소리사 우희정 대표님과 '마을'의 다른 식구들에게도 감사의 뜻을 올린다.

2025년 2월 송암재에서

이 범 찬

▷ 차 례

2. 내 삶의 마무리

3. 마음을 비우려

4. 골라낸 시조

1.

나들이 풍광

금강산의 봄

설렘 속의 밤 열차

백두산 천지와 금강산의 만물상만큼 내 마음을 설레게 한 것이 있었을까? 고희기념으로 백두산 정상의 외륜봉을 남북으로 종주하며 천지는 원없이 바라보았으나 금강산 관광은 좀 더 자유로운 분위기가 조성되기를 기다리며 미루어 왔다. 그러나 해를 거듭함에 따라 차차 체력의 한계를 느끼게 되어 4월 1일 드디어 무박 3일의 철도 관광단에 끼어들었다. 여주중농고동문회의 후배 산악회원들과 함께 가기 위해서다.

금강산으로 수학여행을 간 옛사람들의 이야기와 정비석의 현란한 필치로 그려낸 금강산 기행문 「산정무한」이 한평생 금강산의 꿈을 부풀려 주었다. 일제로부터의 해방과 6·25동란으로 인해 수학여행의 꿈과 낭만을 날려버려야 했던 세대이니, 오래간만에 타보는 밤 열차도 멀리 돌아가기는 하지만 불편은커녕 마냥 흥겹기만 하다.

밤 8시 45분에 서울역을 출발한 무궁화호 열차는 수원, 천안, 청주, 제천을 거쳐 새벽 3시 반에야 동해시에 도착했다. 차창 밖 어둠은 기암괴석이 어우러진 금강산의 정경을 멋대로 그리기에 족하다. 덜커덩 덜커덩 차바퀴 구르는 소리는 상념의 나래를 젊은 날의 추억 속으로 몰고 갔다.

만고의 만물상

금강산은 어느 계절이고 아름답다고 한다. 선인들은 계절 따라 금강산, 봉래산, 풍악산, 개골산이라고 이름마저 다르게 붙였다. 성급한 산수유가 노란 꽃잎을 터트리기 시작했을 뿐 물가의 찔레나무도 아직은 새싹이 돋을 기미가 안 보인다. 멀리 병풍처럼 둘러싼 중관음봉, 상관음봉, 상등봉을 잇는 능선의 북쪽 음지에는 흰 눈이 뒤덮여 있다. 등산로 옆으로는 잔설이 수북이 쌓여 있으니, 봄꽃으로 휘감은 금강산도 아니고,

녹음이 무성한 봉래산도 아니며, 그렇다고 나뭇가지마다 소복소복 흰 눈을 쓰고 있는 개골산의 설경은 더더욱 아니다. 별러서 온다는 것이 어중간한 철에 온 셈이다.

그래도 생긴 그대로의 산세를 바라볼 수는 있으니 그것으로 자위하며, 힘들기는 하지만 만물상을 가까이 접할 수 있는 천선대(天仙臺 936미터)를 오르기로 정했다. 대부분의 회원들은 평이하다는 구룡연과 삼일포쪽을 택했지만, 나는 다음 기회로 미루기로 했다.

금강산의 3대 명물은 금강내기(가을과 봄에 부는 거센 바람), 안개·구름, 계절폭포이지만, 네 번째 명물은 산길 운전에 능숙한 중국교포운전사라고 안내양이 농담을 한다.

좁고 가파른 계곡에 자동차 길을 만들다 보니 S자의 연속일 수밖에 없다. 180도 U턴을 해야 하는 좁은 길을 돌아갈 때마다 마음 졸이게 하는 곡예운전이 반시간 남짓 계속되었을까…. 삼분의 이쯤 오른 지점에 설치한 만상정(萬相亭) 주차장에다 내려준다.

10여 분 가파른 계단 길을 오르니, 왼쪽으로 험상궂은 얼굴의 귀면암이 기이한 모습을 뽐내며 솟아있다. 그 밑에는 '국가지정 천연기념물 제224文 귀면암' 이란 표지석이 박혀있다. 누구도 마음대로 오를 수가 없으니 산은 잘 보존되어 왔는데, 판에 박은 수식어와 함께 김○○이 다녀갔다는 붉은 글씨의 비문이 내가 서 있는 좌표를 실감케 한다. 단 몇 줄도 읽어주기가 역겨운 비문인데, 세기를 거듭하며 만인의 시선을 어지럽힐 것을 생각하면 질식할 것만 같다.

귀면암을 지나 등산로를 따라 한 시간쯤 땀을 흘리면 정상 천선대에 오르게 된다. 정상 가까이 수직 절벽에 갈지자로 매달린 철사다리 계단을 올라가야 한다. 한 사람이 겨우 갈 수 있는 일방통행 계단에다 사각(斜角)이 너무도 없으니, 양손은 난간을 꽉 잡고, 시선은 좁은 발판에서 뗄 수가 없다. 주위의 절경을 감상할 여유가 없다. 천선대에서 한숨 돌리고, 비좁은 '하늘문'을 빠져나가면 건너편에 만물상의 봉우리와 암벽이 한눈에 들어온다. 갖가지 모양의 괴석과 수없이 갈라져 금방 무너져 내릴 듯한 절벽에 틈만 있으면 솟아 오른 노송들도 장관이다.

중국 황산의 소나무들은 탐스럽게 구김살 없이 자랐고, 훼손된 가지도 별로 없어 아름답기는 하다. 그러나 금강산 절벽의 소나무들은 짤막하고 억세게 자랐으며, 가지도 짧고, 그나마 남쪽으로만 몇 개 뻗었을 뿐 북쪽 가지는 꺾이고 삭은 모습이 대부분이다. 휘몰아치는 매서운 강풍과 힘겨루기를 하며, 때 없이 쌓이는 눈 더미를 이고 있자니 몇 백 년 자라도 그 모습 크게 달라질 수 없겠다. 고난의 역사 속에 살아온 우리의 자화상을 보는 것만 같아 훨씬 정겹고 아름답게만 보이는 것을 어찌하랴!

절벽의 소나무와는 달리 계곡 초입의 울창한 소나무 숲은 또 다른 금강의 명물이라고 하겠다. 4, 50미터를 쭉쭉 뻗은 적송은 미인송이라는 이름에 걸맞게 참으로 아름답다. 수령 3백년의 적송이 숲을 이루고 있으니 바라만 보아도 마음이 뿌듯해진다. 온정리 마을 주변에 소나무 밭이 널려 있는 것도 인상적이다.

구룡연코스와 삼일포의 미련

황산의 계곡이 좋다지만 그곳에서는 금강산의 골짜기를 콸콸 흘러내리는 맑은 물을 보기는 어렵다. 수목이 울창해지는 여름철은 말할 것도 없지만, 이른 봄에도 골짜기에 쌓인 잔설 밑으로 흐르는 맑은 물줄기가 마를 줄을 모른다. 때로는 밖으로 솟구쳐 절벽 위를 타고 흐르며 작은 폭포를 이루고 있다. 계절폭포를 자랑하는 까닭을 알만하다. 여기 저기 굴러 내려 쌓인 큰 바위들 틈에 고인 물은 맑다 못해 사뭇 푸르다.

만물상 밑 계곡은 비교적 물이 적은 편이지만, 주봉인 비로봉(1,638미터)으로부터 갈라진 계곡이 모아지는 구룡연코스에는 풍성한 계곡물이 장관일 것 같다. 산악미는 만물상코스에서, 계곡미는 구룡연코스에서 감상해야 한다고 한다.

상팔담, 구룡폭포, 연주담, 비룡폭포, 옥류담이 줄지어 자리를 잡고, 계곡물을 넘겨주는 흔들다리, 만경다리, 금수다리, 앙지다리, 목란다리 등 이름만 들어도 힘찬 물줄기가 넘쳐나는 계곡의 절경을 상상하기 어렵지 않다. 풍부한 수기(水氣)야말로 금강산 정기의 원천이다. 괴암과 노송과 옥수가 이렇게도 절묘하게 어우러진 진경산수화는 아마도 광활한 중국 땅에서는 찾아볼 수 없으리라.

나는 온천을 즐기느라 못 갔지만, 구룡연코스를 택한 회원들의 찬탄은 하나 같이 삼일포(三日浦)의 아름다움에 모아진다. 삼일포는 온정리마을과 해금강 사이에 자리 잡은 삼일리(三日里)의 천연 담수호이다. 둘레가 4.5킬로미터나 된다는 제법 큰 호수인데 자연미의 극치라고 이구동성 감탄한다. 관동팔경의 하나이고, 북한의 천연기념물 제218호로 지정되어 있으니 짐작할 만하다. 다음 기회를 기약한다지만 못보고 돌아서는 발걸음이 무겁기만 하다.

철마의 꿈

해는 중천에 떠 있건만 볼거리를 남겨둔 채 귀경길을 서둘러야 했다. 오후 3시 반에 온정각(휴게소)을 출발해서 출입수속을 밟아야 하기 때문이다. 국경 아닌 국경을 넘는데, 무엇이 그렇게도 의심스러운지 통과절차가 짜증스럽기만 하다. 10배율 이상 되는 쌍안경 및 망원경, 160밀리 이상의 망원렌즈가 달린 사진기, 24배 이상의 줌렌즈가 달린 비디오카메라는 지참금지 물품 8가지 중 첫째 항목이다.

나는 아예 1회용 카메라를 사가지고 갔지만 사진을 찍는 장소도 제한되어 있어서 몇 장 찍지도 않았다. 중국관광에서는 단체비자로 술술 나가고 확 풀어 놓는데, 내 나라 땅 안에서는 입산요금을 1백 불씩이나 내며, 철조망을 끼고 들어가, 삼엄한 감시 속에 지정된 길만을 돌아 나오는데도 그렇게 번거로우니, 반세기 분단의 아픔으로 돌리기에는 너무도 바보스럽고 억울하고 한스럽다.

북방한계선을 넘어, 민둥산이 돼버린 비무장지대를 관광객 전용의 통일로가 훤하게 뚫리고, 동해북부선을 복원한 평행선의 선로는 끝이 없을 것만 같다. 달려야 할 철마의 꿈은 어느 세월에 실현될는지…. 금강산의 봄은 요원하기만 한가 보다.

오타루와 노보리베쓰

동해 쪽으로 열린 조용한 항구 오타루(小樽), 일찍이 외국의 문물을 들여온 관문이란다. 그 흔적이 그대로 남아 숨을 쉬고 있는 곳, 인력거를 타고 향수를 달랠 수 있는 낭만의 도시다.

버스는 운하 끝에다 우리를 부려놓았다. 옛날에는 큰 배를 먼 곳에 정박하고 작은 배로 해변의 창고까지 운하를 통해 사람과 물건을 날랐다 한다. 항만시설을 현대화하자 인공으로 만든 운하는 다시 매립을 했고.

그래도 옛 모습이 아쉬웠던지 약 1킬로쯤을 그대로 남겨놓았다. 물길을 따라 한쪽으로 산책로가 뻗어 있다. 가스등 불빛 아래 젊은 연인들이 나란히 거닐며 밀어를 나눌 수 있는 터전을 마련했을까.

'관광안내소'란 간판을 붙여놓은 가게 앞에는 눈사람 형제가 서 있다. 참으로 오랜만에 만나는 친구가 아닌가. 광장이랄 것도 없는 좁은 공터이지만 사진사를 비롯해 바이올린을 켜는 거리의 악사까지 등장하는 해변의 관광명소다.

날씨가 제법 쌀쌀한데 운하의 풍경을 그리는 화가를 만났다. 한 장에 3천 엔, 복사한 그림은 1백 엔이란다. 상남 시백의 손길도 바빠졌다. 당신의 라이벌이 나타났다고 농담을 하니 그 친구 씩 웃으며 우리를 반겨준다. 돌아서 오는데 쫓아와서 복사한 그림 한 장을 쥐어주고 간다. 동호인을 만났다는 기쁨을 나누려는지 멋과 여유가 보여 사뭇 흐뭇했다. 애써 쓴 글들을 자비로 출판하여 나눠주는 내 처지와도 일맥상통한다 할지. 나도 그의 건강과 행운을 빌며 손을 흔들어주었다.

오타루의 대동맥인 해변도로에서 안쪽으로 한 블록 들어가면 나지막한 상점들이 길게 늘어서 있다. 안내자는 서울의 인사동이라 비유하나 그보다는 더 정겨운 거리다. 인사동은 거리의 외모도 바뀌었지만 중국산 상품이 범람하는 시장바닥으로 전락한 느낌이 드니 생각해 봄직한 일이다.

20년 만에 찾아왔는데도 거리의 모습이 크게 달라진 게 없다. 세대를 이어가는 빵가게며 기다이찌(北一) 유리공방도 시선을 끈다.

제일 먼저 들른 곳은 오타루의 명물 오르골 전시관이다. 외부는 현대식 벽돌 건물이나 안으로 들어서면 통나무와 원색의 널판 그대로다. 계단을 오를 때마다 삐거덕거리는 소리가 나니 전시된 오르골의 음악과 대조를 이룬다. 3천여 종류나 되는 오르골 상품이 여기저기서 소리를 지르니 눈이 휘둥그레질 수밖에. 돌아나오는 길에 곰 인형을 움켜잡으니 역시 음악소리를 질러댄다. 눈요기만 하고 나오는데도 방문 기념으로 네잎클로버가 달린 행운의 열쇠고리를 준다. 나도 '小樽オルゴール堂'의 영원한 번영을 빌어주며 아쉬운 발걸음을 옮겼다.

남은 시간에 잠깐 유리제품가게를 들렀다. 한 쌍의 오리와 이상한 모양의 자전거를 찾아낸 상남 시백, 값을 따지지 않고 한 건 건졌다고 무척이나 좋아하는 그 수집벽을 누가 탓할 수 있으랴. 언젤까, 전시의 날만 기대한다.

마지막 날의 일정이 빡빡해서 서둘러 오타루를 벗어

나 삿포로(札幌)로 향했다. 삿포로는 두 사람의 농부가 살던 황무지를 개척해 건설한 서양풍의 대도시다. 옛 모습의 도청 청사와 불길의 차단을 목적으로 남북을 갈라놓은 광장도로를 잠깐 둘러보고 공항 부근의 호텔로 이동했다.

그 호텔은 온천장이 아니니 한국이나 다를 바 없다. 첫날의 노보리베쓰(登別) 온천장이 문득 생각난다. 수온이 25도 이상이고, 1가지 성분만 있어도 온천이라 하는데 노보리베쓰의 온천수는 11가지 성분을 함유하고 있다니 최고의 명천이다. 온천장 골짝에만 들어서도 유황냄새가 코를 찌른다.

짐을 풀기 전에 '지옥의 골짜기(地獄谷)'에 들렀다. 발밑으로 부글거리는 흙탕과 솟아오르는 연기며 수증기를 볼 수 있는 골짜기다. 냄새가 하도 독해서 나는 바로 내려왔다. 지옥이 그런 곳이라면 절대로 악행은 하지 말 일이다.

날이 밝으면 돌아간다고 생각하니 지난밤 머물렀던 도야고(洞爺湖) 호반의 만세각(萬世閣)이 주는 편안함이 새삼 그리워진다. 이 호수는 북해도 최대의 부동호(不凍湖), 호수라기보다는 바다다. 둘레가 43킬로나 되니 백두산 천지의 3배다. 호수 안에 큰 섬이 4개나 들어앉아 유람선이 오간다.

물 건너 멀리서 깜박대는 불빛도 장관이다. 새벽잠이 없는 상남 시백과 나는 약속이나 한 듯 함께 일어나 밤을 지샌다. 따끈한 차를 나누며 어둠 속을 꿰뚫으니 호반의 눈길이 너무도 부시다. 뽀득뽀득 소리를 들으며 걷고도 싶었지만 먼동이 트기를 기다리는 수밖에 없었다.

상남 시백은 한참 생각 끝에 시상이 떠오르는지 시조의 운을 떼며 종장을 나보고 완성해보란다.

눈길을 밟으려다 돌아선 북녘의 밤
따순 차로 속 달래며 물가를 내다보니
언덕 위 등불도 깨어 반갑다 눈짓하네.

-「만세각의 밤」

우리는 날이 밝자 기다린 듯 내려가 호반의 하얀 길을 걸으며 잊지 못할 추억거리를 다지고 있었다. 상큼한 새벽이었기 때문이다.

바이칼이 손짓한다

시베리아의 진주

세계지도를 펼쳐볼 때마다 러시아의 푸른색 시베리아가 얼마나 궁금했는지 모른다. 연중 3, 4개월 정도 따뜻하고 남은 기간은 얼음덩어리 동토로 변한다니 그 땅에는 어떤 사람들이 어떻게 살아갈까. 그렇게 넓은 벌 한복판의 대지를 밟고 서보면 어떨까. 그 허허벌판을 몇 날을 밤낮으로 달려가는 시베리아 횡단열차를 한 번만이라도 타볼 수 있을까.

그토록 오랜 동안의 꿈이 실현된다니, 이번 여행은 생각만으로도 가슴이 두근거렸다.

몽골의 수도 울란바트르의 역에서 4인실 침대차(쿠페)를 탔다. 러시아의 울란우데를 거쳐 이르쿠츠크에 이르기까지 25시간의 열차생활은 계획된 불편이니 그런대로 견딜 만했다. 끝없이 펼쳐지는 몽골의 푸른 초원에 취해 감탄사를 연발하고, 이따금 한가로이 풀 뜯는 양떼들을 만나게 되면 목가적인 감상에 젖어들었다. 그러나 이번 시베리아 여행의 백미는 역시 신비의 바이칼호라 하겠다.

바이칼은 쓸모없이 버려진 호수가 아니다. '시베리아의 진주'로 불릴 만큼 아름답고 경이롭고 값진 인류의 보배다. 유네스코도 이미 세계자연유산으로 지정했으며, 곧 잠수정으로 바이칼호의 밑바닥까지 내려가 본격적으로 과학적인 탐사를 실시할 계획이란다.

바이칼이야말로 많은 기록을 자랑한다. 세계에서 가장 오래되고(2500만년), 담수량 기준으로 가장 크고 깊으며(면적 3만 1천 500㎢, 수심 1천 637m), 가장 차갑고 깨끗한(물밑 가시거리 40.5m) 민물호수이다. 전 세계 담수총량의 20퍼센트, 러시아 전체 담수량의 90퍼센트를 담고 있다. 수정처럼 맑은 물속에는 철갑상어, 오무르라는 물고기, 네르빠라는 담수물개, 갈라만까라는 투명한 고기를 비롯해서 1,500여 종의 다양한 생물들이 있다니 살아있는 생태박물관이라고도 하겠다.

그러나 나의 시선을 끈 것은 이러한 생태학적 의미나 수치가 아니다. 바이칼호수는 중앙아시아 유목민족들의 발원지이자 우리 민족의 혼과 문화의 발상지라고 하지 않던가. 이런 저런 감회에 상기한 나를 태운 버스는 영적 고향인 바이칼호 속의 알혼섬을 찾아가고 있었다.

이르쿠츠크 교외의 앙가라강변에 자리 잡은 욜로츠카(통나무산장)에서 자고 일찍 출발하여 오전 내내 달리는 동안 끝도 없이 펼쳐지는 들판은 또 얼마나 넓은가. 약간 높은 산등성이를 넘게 되었는데, 버스기사가 갑자기 속도를 줄이더니 담배 한 개비를 꺼낸다. 운전 중 흡연을 하나 걱정을 했는데, 창문을 열고 밖으로 휙 내던지고 간다. 창밖을 보니 서낭당이 스친다. 자그마한 소나무에는 울긋불긋 천 조각이 매달렸다. 그 나무 아래에는 수북하게 쌓아올린 돌더미와 의자 같은 제상이 설치돼 있고, 동전이며 담배, 먹을거리가 흩어져 있다. 그 옆에 서 있는 나무 장승도 우리 것과 흡사하다.

갑자기 어렸을 적 생각이 떠오른다. 여주 읍내에 가려면 무섭기만 했던 월송리(月松里)의 서낭당고개를 넘어야 했다. 개구쟁이 짓을 겁도 없이 곧잘 하곤 했지만 그곳을 지날 때만은 오금이 저려 떨어지지 않는 발걸음을 재게 놀렸던 기억이다. 이제는 개발이라는 미명하에 고개마저 깎여나가 아름드리 성황나무도 자취를 감췄다. 그런데 그 서낭당을 바이칼에서 다시 만나게 되다니 얼마나 반갑고 신기한지, 마음마저 푸근해지는 것을 어쩌랴. 꼭 돌아가신 할머니를 다시 만나는 심정이라면 너무 비약하는 것이려나. 아무튼 언덕바지의 서낭당과 돌더미를 만날 때마다 몇 십 년을 거슬러 고향땅에 온 듯한 느낌이었으니….

알혼섬을 찾아

정오가 좀 지나서 바이칼 호의 사휴르따 선착장에 도착했다. 영성의 땅 알혼섬으로 건너가려고 바지선을 탔다. 지난밤에 눈이 내려 그런지 날씨도 흐리고, 여름 호숫가 바람의 매섭기가 겨울 칼바람이 무색할 지경이다.

알혼섬은 제주도 크기의 반만 하나, 호수 속의 26개 섬 중 가장 큰 섬일 뿐만 아니라, '불한바위'가 솟아 있어 바이칼의 중심이 되어있다. 4시간에 걸쳐 알혼섬 남부를 답사한 후 후지르 마을의 통나무집에 짐을 풀고, 다음날은 섬의 북부 끝까지 여유롭게 돌아보았다.

남단의 높은 언덕에는 유난히 바위돌이 많이 널려있고, 입구에는 한 줄로 길게 쌓여있는 것으로 보아 성(城)터였거나 성지(聖趾)의 경계선인 듯하다. 제일 높은 곳에 올라보니 잘려진 돌기둥과 구멍이 파인 넓은 바위가 있고, 그 구멍에 동전이 가득 차있는 것으로 미루어 옛날 원주민들이 제사를 지냈던 성스러운 곳인 것 같다.

호수 따라 남북으로 길게 펼쳐진 섬의 중앙부분을 지날 때 목격한 물속의 돌더미도 잊히지 않는다. 스탈린 치하의 악명 높은 강제 수용소가 이곳에 있었고, 큰 배들이 드나들던 접안시설의 흔적이라고 하니, 얼마나 많은 자유 투사들의 원혼이 맴돌고 있을지 가슴이 아려온다.

알혼섬 최북단의 절벽은 이곳 경치의 압권이다. 천야만야 수직 절벽은 붉은 이끼로 단장을 하고, 비탈길가에는 가녀린 들꽃들이 수줍게 피어 멀리서 찾아준 손님이라고 반겨준다. 푸르다 못해 검은 물은 깊이를 말하는 듯, 파도 없는 바다가 끝없이 펼쳐진다. 물가에 솟은 거대한 바위들은 저마다 독특한 모습과 전설을 지니고 있어 보는 이의 상상의 나래는 피안의 세계를 자유롭게 넘나든다.

불한바위의 기를 받고

아침과 저녁 두 번이나 불한바위를 찾아 갔다. 후지르 마을의 숙소에서 십여 분 거리의 호숫가에 솟아 있다. 절벽 위에서 바라보면 산같이 거대한 바위 두 개가 나란히 손을 잡고, 각기 다양한 모습을 나타내면서 만고의 침묵을 지키고 있다. 까마득하게 내려다보이는 물가에 서 있는 큰 소나무에는 오색의 천 조각이 휘감겨 찾는 이의 마음을 가라앉힌다. 여러 나라의 무속인들이 모여드는 곳이란다.

우리도 비탈길을 따라 내려갔다. 일행 중에는 맑은 물을 떠 마시기도 하고, 머리를 감는 여인, 손발을 담그는 사람 가지각색이다. 나는 바위 밑 자갈밭에서 가부좌하고, 기수련을 하며 건강을 빌었다. 잠시 망설이다가 주먹만 한 돌을 하나 주워왔는데, '불한암'이라 이름 붙여 거실에 두었다. 우리 집 서낭당이 된 셈이다.

내 삶이 힘들고 짜증스러울 때면 저 '불한암' 앞에 가부좌하고, 때 묻지 않은 바이칼의 찬바람을 찾아 명상의 나래를 펴리라.

히말라야의 장관

네팔 여행은 이번이 두 번째다. 지난번에는 티베트를 가기 위해서였고, 이번에는 인도를 가기 위해서다. 카트만두 시내관광은 대개가 정해진 곳들이니 이번에는 별로 흥미가 없었으나, 포카라(Pokhara)의 안나푸르나가 들어 있는 상품이 유혹을 한 셈이다.

2008년 1월 18일 정오에 카트만두를 떠난 경비행기는 30여 분만에 포카라에 안착하였다. 산이 보이는 것도 아니고 한적한 시골 도시를 무엇 하러 왔나 싶었으나, 다음날에서야 흐린 날씨 탓이었음을 알았다.

오염되는 페와호수

오후 일정에 여유가 생겨서 페와호(Phewa Lake)의 유람선 타기로 일정을 앞당겼다. 페와호는 네팔 포카라 남쪽에 위치한 호수로, 면적은 약 4.4평방킬로미터에 이르고 있어 네팔 제2의 큰 호수다. 히말라야의 만년설이 녹아내린 물이 모여 해발 80미터 지역에 생성된 것이라니 신기하기만 했다.

말이 유람선이지 3, 4인승 보트가 호숫가에 줄지어 모여 있다. 4인 한 조가 되어 타는데 6, 7세 정도로 보이는 어린이가 마지막으로 올라타며 "나마스떼(안녕하십니까?)"라고 인사를 한다.

보트는 금방이라도 물속으로 가라앉을 듯 뱃전에 물이 찰랑 찰랑댄다. 꼬마가 서서히 노를 저어 호수 깊은 곳으로 떠나가니 잔잔한 호수 면에 차츰 멀리서부터 점점 가깝게 파도가 일어난다. 함께 탔던 두 여인은 겁에 질려 야단이다.

"이게 무슨 유람선이야? 속았어!!"

"여기서 빠지면 여권이 젖어 큰일이야."

"여권이 문제야? 꼼짝없이 죽는단 말이야. 야!! 빨리 되돌아가자. 나는 안 타."

건기라 호수 물도 적으려니와 부유물도 많았고 많은 관광객이 모여드니 점점 오염되기 마련이렷다. 마침 날씨마저 흐리니 호수 물도 검게만 보인다. 쾌청한 날씨였다면 안나푸르나의 흰 설봉들이 눈앞에 보이고, 산봉우리들이 맑은 호수에 비칠 때의 호수의 풍광은 세인의 찬탄을 자아내 작품화할 만도 하겠다.

안나푸르나의 연봉들

다음날 새벽에는 일찍 출발하여 일출을 보기로 했다. 일찍 잔다고 한 것이 오히려 가슴이 설레어 잠을 설치고 말았다. 새벽 6시에 숙소를 출발하여 산 중턱의 일출전망대로 향했다. 커피를 마시며 얼마쯤 기다리니 봉우리들이 붉은빛을 반사하며 그 웅장한 자태를 드러낸다. 그러나 붉은 해가 어둠 속에서 솟아나며 타오르는 황홀한 해돋이는 볼 수가 없었다. 산 너머 멀리서 이미 떠오른 태양의 햇살이 눈앞에 가까이 솟아 있는 안나푸르나 연봉에 비치니 어둠 속에서 갑자기 흰색의 봉우리가 나타나 눈이 부실 뿐이다. 그래도 새롭게 펼쳐지는 신천지에 매료되어 셔터를 누르기에 손이 바빴다.

안나푸르나는 네 개의 큰 봉우리(Annapurna South: 7,219m, Machhapuchhre: 6,997m, Annapurna II: 7,939m,

Lamjung Himal: 6,986m)로 이루어졌다.

그러나 마차푸차레는 정상부 눈 쌓인 부분의 모습이 물고기 꼬리지느러미처럼 생겨서 'Fish Tail'이란 이름이 붙었고, 가까이 있어서 제일 높아 보이며 멋이 있었다. 티베트 난민촌에서 기념으로 산 원색이 화려한 운동모자에도 'Fish Tail'이란 글자를 수놓았다. Fish Tail도 보는 각도에 따라 봉우리의 모습이 다르게 보이는데, 이 산은 네팔인들이 신성시하여 등반도 금지되어 있다고 한다.

날이 밝아 숙소에 내려와서 쳐다보니 어제 없던 안나푸르나 연봉이 선명하지 않은가. 굳이 전망대까지 아니 가더라도 어느 곳에서나 볼 수 있으니 포카라가 얼마나 아름다운 도시인가. 한동안 쉬었다 가고 싶은 곳이다.

내려다본 에베레스트

돌아오는 길에 히말라야산맥을 둘러보는 옵션 투어를 했다. 예티 항공사의 경비행기로 약 1시간 동안 병풍처럼 늘어선 히말라야산맥의 장관을 내려다보는 상품이다.

히말라야야말로 세계의 지붕이다. 지구촌에 있는 8천미터급 봉우리 14개 중 8개가 이곳 네팔의 히말라야에 있고, 7천미터급으로는 1백여 개를 헤아린다니 그 장엄한 자연미는 네팔 여행의 백미라 하겠다.

세계의 등반가들이 목숨을 걸고 도전을 하는데, 비행기에서 편히 내려다보며 즐기는 일이 어찌 발로 기어오르는 쾌감하고야 비할 것인가 싶어서 낯 뜨겁기도 하였다. 등반의 성취감과 희열은 흘린 땀과 참아낸 고통에 정비례하는 것이거늘.

기상 상태가 좋아서 에베레스트 가까이까지 접근하며 만년설과 운해로 이어지는 히말라야 영봉들을 마음껏 감상할 수 있었으니 네팔의 열악한 관광 환경의 고통을 깨끗이 잊게 한다.

문득 룸투리드(Room to Read)재단의 설립자 존 우드(John Wood)가 생각났다. 그는 우연히 히말라야 트레킹 중 열악한 시설의 학교와 도서관, 흙바닥에서 공부하는 아이들을 보고 자신의 열정을 제3세계 교육·자선사업에 쏟기로 결심하고, 마이크로소프트 중국지사의 CEO 자리를 미련 없이 내던진다. 윈도스 판매실적 수백만 달러보다 오지 아이들에게 책을 주는 것이 훨씬 가치 있는 일임을 느낀다.

이렇게 사람을 거듭나게 할 수 있는 신통력도 역시 히말라야의 지기가 아니었을까 생각하며, 대자연의 위력에 스스로 빨려 들어가는 것을 느꼈다.

도깨비 여행

이틀보다 긴 하루였다. 행동반경이나 보행거리로 비교하면 지칠 만도 했다. 종일 걸었으니 도깨비여행의 진수를 맛본 셈이다. 밤새 몇 번씩 화장실에 다니느라 제대로 잠을 못 이루는 것이 습관화된 고질로 생각했는데, 단 한 번 깼으니 내 딴은 신기한 체험이었다. 매일 그렇게 지치도록 걸으면 자다 깨는 일은 없겠다.

산뜻한 기분으로 하라주꾸(原宿) 역에 내렸다. 몇 분 안 걸려 메이지신궁(明治神宮)이 보인다. 귀한 시간을 하필이면 신궁 참배에 낭비할 거냐며 왼편에 있는 요요기공원(代々木公園)으로 걸음을 옮겼다. 그토록 도심에 넓은 녹음지대를 확보해서 시민에게 휴식과 활동공간으로 제공되다니 부럽기 이를 데 없다. 공원의 왼편

광장에는 많은 천막들을 쳐놓았는데 인파가 버글버글 하다. 누군가 일행 가운데 한 사람이 유명한 벼룩시장 같다고 하니 호기심 많은 도깨비족이 들르지 않을 수 있겠는가.

도쿄의 3대 프리마켓은 그 명성이 높다. 요요기공원, 신주쿠중앙공원(新宿中央公園), 메이지공원(明治公園)을 중심으로 주말이면 장마당이 열린다고 한다.

원래는 유럽 도시의 '노천 고물 시장(flea fair)'을 의미하는 영어의 'Flea Market'을 일본 사람들은 'Free Market(フリーマーケット)'으로 이름을 고쳐 사용한 것이다. 추측하건대, 일본의 가나문자로는 'flea'를 'Free'와 구별하여 표기할 수도 없고, 따라서 발음도 달리할 수가 없으니, 그들 특유의 편의주의 발상이 작동했던 것이다. 이름이야 어떻든 알맹이가 같고 끼리끼리 통하면 되니 하는 말이다.

1981년에 '재활용운동 시민의 모임'이 공원에서 잡동사니 시장을 연 것이 그 시초라고 한다. 특히 이 공원은 젊은이들의 패션으로 유명한 시부야(澁谷)와 하라주꾸(原宿)의 중간에 자리하기 때문에 고물뿐만 아니라 유행하는 명품이나 그럴싸한 새 상품도 나와 인기가 높다. 우리나라의 뒷골목에서 열리는 벼룩시장보다는 격이 좀 높다고나 할지.

공원을 둘러보고 광장으로 가보니 기대했던 그 벼룩시장은 아니고, '지구의 날(Earth Day Tokyo 2010)' 행사의 일환으로 열린 바자회였다. 우리는 그 이름이나 취지는 상관이 없으니, 일본의 풍물을 구경하며 둘러보기로 했다. 여성 도깨비들의 눈빛이 빛날 것은 당연하다. 우 사장은 5백 엔에 독일제 윗옷을 하나 건졌다고 좋아하고, 상남 선생은 유명작가의 꽤 비싼 목각을 아낌없이 사서 역시 팀장의 안목과 격을 과시했다.

이 '지구의 날 행사'는 요요기공원 뿐만 아니라 각지에서 벌이고 있는 글로벌 캠페인이다. 특히 금년의 컨셉은 '사랑과 평화의 지구 제전(祭典)'으로 되어 있으며, 에너지, 식품, 농업의 세 분야에 역점을 두어 환경보호와 지구 살리기 운동을 생활화하는 데 목적이 있는 것 같다. 예컨대, 쓰고 난 튀김유류로 재생한 바이오디젤연료를 비롯해서 태양광, 태양열 등 자연에너지를 사용한다든가, 유전자 조작식품의 배제, 식기와 물병 등 일회용 용기 줄이기, 또 농산품의 애용과 농촌과의 결연 등을 제창하고 있었다.

본래 유엔이 정한 지구의 날은 3월 21일이다. 그러나 1970년 게이로드 넬슨(Gaylord Nelson) 의원이 주창한 날인 4월 22일에 일본이나 많은 나라들이 호응을 했다. 우리나라도 이날을 기념하기 위해 환경운동연합 등 환경단체들이 행사를 치르고 있다. 지구온난화를 방지하고, 기상이변에 대처하는 일이 어찌 몇몇 환경단체의 캠페인에 불과하며 투쟁만으로 될 일이겠는가.

다시 공원으로 되돌아와 나무 그늘에서 가져온 간식으로 요기를 했다. 그다음 건너편 하라주꾸 거리에 들렀다. 우리가 보기엔 이상한 차림의 젊은이들이 더러 시선을 끌기는 했지만 서울의 명동같이 활기차지는 않았다. 돌아 나오는 길목에 줄을 서 기다리는 젊은이들. 줄이 그 끝이 안 보일 지경이다. 발 빠른 우 사장이 돌아가서 그 시작이 이태리식당임을 확인했다. 나도 궁금해서 한 아가씨에게 무엇 때문에 서 있느냐고 물었더니 과자를 사먹기 위해서란다. 발로 겪은 정보와 입으로 얻은 정보를 종합하니 유명한 이태리식당의 과자를 사 먹겠다고 마냥 서서 기다리고 있다. 한심한 친구들이란 생각이 들었다.

저녁 무렵 신바시(新橋) 역에서 모노레일(유리카모메)에 지친 몸을 맡기고 동경야화의 마지막 코스인 오다이바(お台場)로 이동한다. 동경만을 가로질러 건설한 '레인보우 브릿지'도 해상의 명물이다. 짙푸른 바닷물과 푸른 하늘 사이를 알파 자 모양으로 한 바퀴 돌아서 나르는 듯 뻗어 나간다. 창밖으로 바라보는 경관이야말로 또 하나의 색다른 감동이다.

바다를 매립하여 만든 대단지에는 대형매장을 비롯하여 각종 시설을 유치해 관광객을 유혹하고 있다. 오에도(大江戶) 온천장도 그 시설 중의 하나다. 눈을 잠시 감고, 들은 이야기들을 회상만 해도 피로가 풀리는 듯하다.

온천장에 들어서니 그 규모도 대단하지만 심야가 무색할 정도로 붐빈다. 열탕에 피로를 풀고 나서 색다른 문양의 유까다(浴衣)를 걸치고 허리띠를 두 번 돌려 맨다. 질끈 졸라맨 7학년의 할머니도 청춘의 꿈에 젖어들기 마련. 우리도 그들에게 비빔밥과 찜질방 맛을 보여주면 유카타의 환상쯤이야 비교가 안 될 것이란 생각을 해보았다.

언뜻 새만금방조제가 떠올랐다. 우여곡절 끝에 19

년의 대역사가 완성되었으니 앞으로의 활용방안에 기대를 걸어볼 수밖에. 한류열풍을 타고 올레길야화라든가, 새만금야화, 남산골야화 등이 중국이나 일본의 도깨비족들에게 시리즈 상품으로 인기를 끌지 말란 법도 없지 않은가.

우연한 만남

뉴욕의 콜롬비아대학에서 1년의 객원교수 생활을 마치고 8월 말까지는 귀국을 해야 할 형편이었다. 이제 돌아가면 언제 또 외국엘 나올 수 있겠나 싶어 1981년 5월에 유럽 10개국을 일주하는 런던의 '코스모스' 관광단에 한국인으로는 나 홀로 끼어들었다.

벨지움의 어느 호텔이었다. 각자 아침 식사로 빵 한 쪽을 얻어먹고 출발 시간에 맞춰 버스에 올라타야 한다. 눈을 비비며 황급히 식당에 들어서니 창가의 식탁에서 낯선 한 신사가 손짓을 한다. 내가 일본 사람인 줄 알고 반가워 불렀던 것이다.

그는 영어는 한마디도 못하고 나는 일본말이 서투르니 답답한 노릇이다. 명함을 서로 교환했다. 아오모리에 사는 모리 리끼조(盛力三), 나보다 아홉 살 위의 기업체 회장이다. 3개월 후에는 한국에 돌아가니, 혹 서울에 들르거든 전화를 달라고 하며 작별인사를 했다.

"잠깐만, 객지에서 고생하는데 이거 여비에 보태 써요." 100불짜리 달러가 가득 들은 지갑을 열더니 두 장을 꺼내 주는 게 아닌가. 정부가 송금해 주는 1천불로 한 달 생활을 꾸려가는 처지에 이 거금을 쥐여 주다니, 참으로 당혹스러웠다.

순간 머릿속에 떠오르는 한마디, '외국에서 이유 없는 호의를 베푸는 사람을 만나면 주의를 하라.' 그 당시는 출국하는 여행자는 중앙정보부에서 소양교육을 받아야 했다. 간첩의 접선을 염려해서. 순간적이나마 망설이다가 설마 하고 받았다. 아무리 상황 분석을 해 보아도 그가 공작원은 아니다.

뉴욕에 돌아와서도 쉽게 잊히지 않는다. 길에서 주운 횡재도 아니고, 그런 고마운 일이 어떻게…. 좋다고 그냥 써 버리는 것은 인간의 도리가 아닌 성싶었다. 보답을 하자. 서투른 글씨로 처음 써 본 일본어 편지다. 돌아갈 때가 되어서 내게 남은 것은 이것밖에 없다며, 일화 인삼차 한 봉지와 내가 쓴 『상법예해(상)』 한 권을 우송했다.

3년이 지난 어느 날 조선호텔에서 전화가 왔다. '모리'란 사람이 나를 찾는다고. 모시고 나와 강남에서 이름난 '삼원가든'으로 갔다. 일본 사람들이 좋아하는 불고기로 대접을 했다. 도곡동 개나리아파트가 가까우니 차는 우리 집에 가서 마시자고 제의를 했다.

거실에 진열해 놓은 여러 점의 도자기를 보여줬다. 괴산도요에서 황규동 옹이 재생한 이조백자라고 설명을 하다 보니 문득 떠올랐다. 기념으로 한 점 선물을 하자고. 기왕 선물할 바에는 마음에 드는 것을 골라 가지라고 제안했다.

설마 제일 크고 잘생긴 달항아리를 고를 줄이야…. 아깝지만 꼼짝 못하고 싸 드렸다. 공항까지 전송을 하고 생각하니 너무 과한 보답을 했다는 느낌마저 들었다. 200불을 받아쓴 죄로 그 몇 배의 손해를 본 셈이다. 그래도 나는 한국을 알리는 민간대사라 자처하니, 모리 회장을 놀라게 한 것이 한편 흐뭇하기도 했다.

그 후 또 2년이 흘렀다. 1987년 7월 도쿄대학에서 열리는 제2회 한일법학연구집회에 '한국의 개정상법'을 발표하러 참석하게 되었다. 아오모리 촌구석의 영감이니 점심 한 끼 얻어먹기도 틀렸구나 생각하며, 혹시 사업상 동경에 올 수도 있지 않을까 하는 요행을 기대하며 편지를 띄워보았다. 즉시 회답이 날아왔다. 나를 깜짝 놀라게 하는 내용이다. 학회가 끝난 후 시간만 내어준다면, 아오모리로 초대하고 북해도 관광까지 시켜주겠노라고, 여비는 일체 자기가 부담하겠으니 걱정하지 말라고.

편지를 보이며 귀국 일정이 며칠 더 늦어질 것 같다고 하니, 집사람이 펄쩍 뛴다. 자기도 따라가겠다고. 돈이 한두 푼 드는 것이 아닌데 초청자의 승낙도 없이….

하는 수 없이 아내의 무례를 용서해달라고 편지를 발송하고 출국을 했다. 집사람은 200만 원을 일 년간 외환은행에 예치해 놓고 여권을 발급받았다.

학회가 끝나는 날 도쿄에서 세 사람이 만났다. 엔고(円高)가 심했던 그때 우리 내외는 호화판 북해도 관광길에 올랐다. 아오모리 현의 시골 기쓰꾸리마찌(木造町)부터 들렀다. 귀빈이 왔다고 이웃사람들을 불러 잔치판을 벌였다. 마음대로 골라 가지라는 말에 감동을 받았다며 달항아리의 사연을 손님들에게 실토하는 바람에 퍽 쑥스러웠던 기억을 잊을 수가 없다.

자기의 농장, 아오모리의 명승지를 안내하고, 마지막으로 타보게 된다는 연락선으로 쓰가루 해협을 건넜다. 노보리베츠(登別)의 온천장으로, 이국적인 삿포로(札幌) 거리의 관광을 마음껏 즐겼다.

'내가 질쏘냐' 하고 모리 내외를 서울로 초청하기로 했다. 88올림픽에 초대하겠노라 약속을 했다. 그런데 내 재주로는 올림픽 개막식이나 폐회식의 표를 구할 수가 없고, 서울 시내의 호텔이나 장급 여관까지도 올림픽조직위원회에서 독점한 형편이라 도리 없이 부도를 내고 말았다. 그다음 해에 초청해 설악산 관광으로 대신했다. 강릉 지청에 근무하던 김필규 검사에게 안내의 도움을 청했다.

현직 검사가 직접 속초비행장에 영접을 나와 대명콘도까지 잡아주었다. 이튿날 새벽 백담사까지 동행해 주고, 출근 후에는 군청에 부탁해 통일전망대며 김일성별장까지 편히 관광을 하도록 주선해 주었다. 일본에서는 상상도 할 수 없는 극진한 대접이다. 모리 회장 내외도 흡족해했다. 올림픽 구경보다 훨씬 감동적이었노라고 치사를 아끼지 않았다. 북해도 관광의 빚을 조금은 갚은 셈이 됐다.

그 후 1992년에도 조선대학교의 양 교수를 데리고 다시 아오모리에 들러 북해도 관광을 했다. 이번에는 유서 깊은 오타루(小樽)까지 구경을 시켜주셨는데, 헤어질 때는 수산 시장에서 큰 연어까지 사서 안겨주셨던 자상한 분이다.

어디 그뿐인가. 딸 수정과 그 친구까지 왕복 항공권을 보내주어 삿포로 눈축제를 구경시켜 주셨고, 내가 IMF를 당해 어려울 때는 많은 경제적 도움까지 주셨던 고마운 분이다.

모리 회장과의 우연한 만남이 계기가 되어 수없이 오가며 편지를 쓰다 보니, 처음에는 힘들었지만 자연스럽게 일본말이 늘었고, 결과적으로 일본의 대학 교수들과도 쉽게 친해질 수 있었다. 그 덕에 정년을 하자마자 나고야경제대학의 교수로 취직까지 하여 내 이모작 인생이 화려하게 전개되기도 했다.

"이것이 다 모리 회장님 덕분입니다." "아니야. 내가 많은 한국인을 만났지만, 모두 일본말을 잘하게 되고, 일본의 교수까지 된 것은 아니잖아." 그렇게 겸손해하시던 그분의 걸걸한 음성을 이제는 들을 길이 없으니…. 참으로 아쉽다.

춘천대첩 기념 평화공원

- 2024년도 2차 전적지 순례기

망백의 언덕길에 오르니 다리에 힘이 빠져 나들이를 하기가 힘겹다. 도리 없이 집 근처 공원을 드나드는 것이 일과가 되었다. 금년부터는 문인 단체의 나들이나 행사에도 참가하기를 체념했는데, 6・25참전유공자회로부터 2024년도 후반기 전적지 순례의 통지가 날아들었다. "천고마비, 결실의 계절, 단풍이 곱게 물든 산과 들, 맑은 공기를 마음껏 마시며 즐거운 시간 보내시기 바랍니다."라는 안내문을 보니 가슴이 설렌다. 즉시 참가신청을 했다.

문인 단체나 다른 모임에 참가하면 함께 걸어 다니기가 힘들어 뒤처지니 스스로 자제하는 수밖에 없다.

그러나 참전유공자회의 나들이는 걱정이 안 된다. 모두가 나보다 고령의 선배들일뿐만 아니라, 계획에서부터 고려를 하기 때문이다.

금년도 봄에는 강화도를 갔었는데, 화개산 턱밑까지 차로 갔다. 내려서 몇 발작 안 걸어도 모노레일에 몸을 싣고 정상까지 올라갈 수가 있었다. 깊은 골짝을 굽이굽이 누비며 올라가던 스릴은 지금도 기억이 생생하다.

금년도 가을 나들이는 호반의 도시 춘천이다. 춘천은 여러 번 다녀왔다. 문학 기행의 경우에는 자연의 아름다운 풍광과 명승지를 찾게 마련이다. 수필문학추천작가회의 나들이 때는 강변의 소양강처녀 상을 바라보며 물위에 설치한 다리를 따라 강 깊숙이 나가 푸른 물결을 내려다보며 탄성을 올렸고, 모래섬 중도로 건너가 산책을 즐겼던 기억이 새롭다.

이번 가을 유공자회의 대절 버스는 오전 9시에 내방역 5번 출구 앞에서 출발했다. 바쁜 중에도 나와 주신 서초구정장의 격려와 당부 인사말을 들으며 열화 같은 박수를 보냈다.

경춘가도를 달리는 버스 안에서 지회장은 마이크를

잡자, 기력도 왕성하게 장시간의 열강을 시작했다. "그래서"를 수없이 되풀이하면서 애를 쓰셨으나, 마이크 성능이 좋지 않아 뒷좌석에서는 잘 들을 수가 없었지만, 골자를 추려보면 6·25참전유공자회의 유족을 회원으로 하는 입법의 추진 경위, 당면문제의 입법화 건의 사항, 서초구청에 대한 건의 사항 세 가지 부문이 된다.

지회장의 열강이 끝나자, 우리 버스는 예정대로 의암호 물가로 직행했다. 케이블카를 타고 삼악산 정상까지 올라갔다.

내려다보이는 푸른 물결이 복잡한 도심에서 찌들은 가슴을 시원하게 씻어주니 모두들 희희낙락 즐겼는데, 매어달려 온 캐빈에서 내려 정상에서 바라보는 춘천의 전경은 더 없이 평화롭고 아름답지 않은가. 과연 호반의 도시로서 명품 관광지로 꼽힐 만하다.

금강산도 식후경이라 했던가. 예약된 시간에 맞춰 소문 난 맛 집 '산속의 닭갈비'를 찾아갔다. 춘천에 와서 닭갈비 맛을 못 보고 가면 헛걸음을 한 것이라고 누군가가 익살을 떤다. 식당에서 나올 때는 집에 있는 식구들에게도 맛을 보이라고 한 뭉치씩 싸주기까지 하니 기획자의 세심한 배려가 고맙기도 하다.

닭갈비로 점심을 즐기고 나니, 바로 버스는 오늘의 주제인 춘천대첩 기념 평화공원으로 향했다.

춘천대첩은 6·25전쟁이 터지고 국군이 처음으로 승리한 전투이다. 치밀한 계획 하에 자주포 전차 및 T-34탱크를 앞세워 밀고 내려온 북괴군에 맞서, 화염병을 이용한 육탄 공격으로 괴뢰군의 예봉을 꺾는데 성공을 했다. 3일간의 전투에서 북괴군은 6,792명, 국군은 368명의 인명 손실이 발생한 치열한 전투였지만, 이 전투의 승리가 국군의 한강 및 낙동강 방어선 구축의 밑거름이 되었다고 전한다. 돌이켜보면 이 춘천 대첩이 없었다면 아마도 UN군이 들어오기 전에 전국 국토가 북괴에 점령당했을지도 모르지 않는가. 이 자랑스러운 승리를 기념하기 위해 만든 평화공원에는 여러 개의 기념탑과 전차 등 전시물이 있다.

특히 '육이오참전학도병기념탑'이란 글씨가 박힌 높은 탑신과 그 밑의 기단 위에 총을 들고 서있는 3명 학도병의 조각상은 인상적이다. 가슴이 뭉클해진다.

어린 학생 총칼 들고 적군을 에워싸

몸 바쳐 나라 지킨 승리의 기념탑*
박여진 열한 개 문자 길이길이 빛나리.
-「불타는 투혼」

*육이오참전학도병기념탑

그들은 전투에 참가해 혁혁한 공을 세우며 나라를 지켰지만, 나는 18세의 학생으로 징집을 당하긴 했어도, 후방에서 복무를 하다 총 한 번 쏴보지 못하고 6·25참전유공자회의 대열에 끼었으니, 감회가 새로울 수밖에 없다.

이제라도 남북이 대치하고 긴장이 고조되어가는 현실에서 6·25전쟁을 거울삼아 애국의 충성심을 길러야 하겠다고 다짐을 해본다.

상해, 항주, 소주를 둘러보고

피부로 느끼는 상해

천지개벽이니, 상전벽해니 하는 표현들은 상해에 오면 실감이 난다. 황포강 유람선에서 바라보는 동쪽의 엄청난 마천루 숲은 신선한 충격이 아닐 수 없다. 약진하는 중국의 위상을 확인하게 된다.

사실 상해란 곳은 중국 제일의 상업도시로 근래에 급부상한 것이지, 옛날에야 별 볼일 없는 포구의 벌판이 아니었을까. 황포강 서쪽의 옛 시가지는 중국의 근대화를 상징하는 듯한 거대한 빌딩, 유럽의 분위기를 물씬 풍기는 석조건물이 들어서 나그네의 시선을 끈다. 상념에 잠기게 하는 거리이기도 하다. 중국 사람들에게는 1842년의 남경조약을 계기로 서양 열강들에게 조차지로 내 땅을 내어줘야 했던 치욕과 회한을 지울 수 없겠지만, 우리에겐 상해임시정부와 홍구공원 때문에 감회가 새로운 곳이다.

임시정부청사는 반드시 들르는 관광코스인데, 마당로(馬當路)에 자리 잡은 3층짜리 벽돌집. 그나마 1992년부터 새롭게 단장을 한 것이라는데, '大韓民國臨時政府舊址'란 표지가 가슴을 설레게 한다. 비좁은 내부야 본다기보다 느껴야 할 공간이다. 2층 집무실에는 겨우 조그만 나무탁자 2개가 놓여 있어, 당시의 우리 처지를 실감케 한다.

홍구(虹口)공원은 지금은 노신공원으로 바뀌었다. 중국혁명을 위해 투쟁한 소설가 노신(魯迅)의 묘와 기념관이 있는 한적한 공원이지만, 우리에겐 새로운 의미로 다가오는 교훈의 현장이기도 하다.

윤봉길 의사가 1932년 4월 29일 일본 천황의 생일 축하 기념식장에 폭탄을 투척하여 대한남아의 기개를 일깨우고, 6억의 중국인에게 감명을 주었던 곳이다. 고맙게도 1994년에 S기업이 세웠다는 '梅亭'이란 조그만 누각과 자연석 기념비가 흔적으로 남아 있어서, 사진이라도 한 장 기대어 찍을 수가 있었다.

상해의 볼거리로 항상 내외국 관광객이 붐비는 곳은 예원(豫園)이란 정원이다. 소주의 4대 정원과 함께 화동(華東)의 명원(名園)으로 그 이름을 떨치고 있다. 말이 정원이지, 그 규모와 구도는 우리의 상상을 초월한다.

4백여 년 전에 명나라의 관료였던 반윤단(潘允端)이 사기 아버지를 즐겁게 해드리려고 지은 저택이다. 멀리서 실어온 태호석(太湖石)을 아기자기하게 배치했다. 굽이굽이 돌아가는 연못가에 솟아난 정자들의 아름다움과, 정원을 둘러싼 벽 위의 기와 하나하나를 용의 비늘을 본 따 만들었다는 그 정성과 멋에는 혀를 찰 수밖에 없다.

중국 제일의 번화가라는 포동의 남경로 관광은 시간이 촉박하여 돌아올 때로 미루고, 저녁을 마치자 항주로 이동하려 버스에 몸을 실었다. 2차선 고속도로에서 꼼짝 않고 정체하기를 두어 시간쯤. 시간은 자정을 훨씬 넘었건만 대책이 없으니… 노상에서 고장 난 트럭을 비켜가느라 시간이 마냥 흐르는 데도 별로 초조해하는 기색을 찾아 볼 수 없는 중국 사람들의 만만디기질, 그리고 밤을 낮 삼아 줄지어 질주해 오는 반대차선의 대형 화물차 대열을 보면서, 붉은 띠 두른 강성

노조의 파업현장을 떠올려보기도 했다.

눈에 담아 둘 항주

항주는 월(越)나라의 수도였고, 남송(南宋)의 도읍지로 일찍부터 경제, 문화의 중심지로 발전해 왔으며, 현재도 현대식 고층빌딩으로 채워진 대도시이다. 그러나 역사적 유물보다는 서호를 둘러싼 자연의 경관 때문에 세인의 이목을 끌고 있다.

항주를 지상낙원이라고 하는 것도, 13세기에 마르코 폴로가 이곳을 보고 나서 '세상에서 가장 아름다운 도시'라고 경탄을 했고, 중국인들이 예부터 '上有天堂, 下有蘇杭(하늘에는 천당이 있고, 땅에는 소주와 항주가 있다)'이라고 전해온 것도, 실은 서호의 빼어난 풍광 때문일 게다.

서호는 항주 서쪽에 자리 잡고 있는 호수다. 면적이 5.6제곱킬로미터나 되는 타원형의 호수를 에워싼 산과 수목이 잘 어우러져 춘하추동 변하는 경치가 아름답다. 서호10경을 자랑한다. '아침에도 좋고, 저녁에도 좋고, 비 오는 날에도 좋다'고 하는 표현이나, 송대 최고의 시인 소동파가 와서 즐겨 시를 읊었으며, 서호를 월나라의 미인 서시(西施)에 비유해서 서자호(西子湖)라고 불렀다는 것도 이해할 만하다.

지금은 서호를 가로지른 두 제방과 주위의 시설물, 쉴새 없이 호수를 가르는 유람선, 개인 관광객을 기다리는(낚싯배보다도 작아 보이는) 조각배가 수없이 많이 떠다니는 것이, 오히려 서호의 옛 정취를 훼손하고는 있지만, 우리가 주목해야 할 것은 낚시, 수영, 흡연 등이 일체 금지되는 것은 물론이고, 유람선에도 화장실조차 없고, 모든 배가 기름 아닌 전지로 운행된다니, 환경을 보호하려는 철저한 시책과 노력이 오늘에도 그 명성을 이어가게 하는 까닭이구나 생각된다.

50분간 유람선으로 호수를 둘러보고, 버스는 저 유명한 영은사로 달렸다. 비래봉(飛來峰)의 서북쪽, 영은산의 아랫자락에 자리잡은 영은사(靈隱寺)는 중국의 10대 명찰 중의 하나다. 서기 326년에 창건된 고찰인데도, 그 규모가 대단하다. 웅장한 천왕전을 지나면, 높이 33.6미터의 대웅보전(大雄寶殿)이 버티고 있고, 그 내부에는 세계에서 최대급이라는 19.6미터의 석가여래상이 안치되어 있다.

절을 나와서 바로 육화탑(六和塔)으로 옮겨 갔다. 육

화탑은 전당강(錢塘江)이 내려다보이는 월수산 위에다 세운 탑이다. 중국의 국보로 지정되었고, 7층(밖에서 보면 13층)에 높이 59.89미터의 위용을 자랑하며 우뚝 솟아나 있다. 이 탑은 오·월 시대의 왕 전홍숙(錢弘叔)이 해마다 범람하는 전당강을 다스리려고 창건한 것이라 한다.

물의 도시 소주

소주(蘇州)는 동양의 베니스라고 할 만큼 산이 없는 저지대에 도시 전체가 운하로 이루어져 있는 아름다운 물의 도시다. 오나라의 수도답게 많은 역사적 유적도 남아 있다. 명원이 많은 정원의 도시이기도 하고, 소주미인이라 할 만큼 미인이 많이 배출된 고장이라고도 한다.

운하가 소주 시내의 교통수단일 뿐만 아니라, 소주로부터 항주를 거쳐 북경까지 수만리 내륙을 연결하여 산업발전에 크게 기여하고 있다.

소주의 대표적 사찰인 한산사(寒山寺)를 보고 나서 호구로 갔다. 그렇게 아름답다고 자랑을 하는 호구란 겨우 해발 33미터의 언덕 같은 산이다. 넓은 평원에 높은 곳이라곤 그곳밖에 없으니 인공정원이라도 많이 만들어 풍류를 즐겼던 게 아닌가 싶다.

그러니 한복판에 남산, 북악산, 인왕산이 있고, 1시간 거리 내에 도봉산, 북한산, 수락산, 불암산, 청계산, 관악산이 둘러져 있는 서울이야말로 세계에 자랑할 만한 명품 도시가 아닌가?

호구(산)에서 시선이 끌리는 것은 운암사탑(雲巖寺塔)이다. 송나라 초기(961년)에 창건됐고, 높이 47.5미터의 7층 8각 탑이다. 모양도 아름다우려니와 오랜 풍상에 15도 각도로 기울어져 이태리 피사의 사탑을 연상케 한다.

마지막으로 본 졸정원(拙政園)은 중국의 4대 명원(북경의 이화원, 승덕의 피서산정, 소주의 유원과 함께) 중의 하나다. 소주의 졸정원이나 유원(留園)이나 명나라 때 개인이 지은 것이며, 호수(水池), 축산(築山), 건축(建築)이 잘 어우러져서, 사계절의 변화와 정취를 만끽할 수 있으니, 한껏 즐긴 옛날 선비의 멋과 풍류를 짐작할 수 있다. 특히 졸정원은 호수면적이 반 이상을 차지하는데, 널찍널찍한 푸른 연잎으로 뒤덮인 것이 참으로 장관이다.

서안의 개발상

고도 서안(西安)을 오랜 벼름 끝에 간다. 섬서성(陝西省)의 성도이자 진, 서한, 후진 등 11개 왕조의 도읍지로서 3천년의 숨결이 느껴지는 중국 고대문화의 중심지가 아닌가. 초, 중, 고 12년의 동기동창들이 함께하는 나들이니 희희낙락 어린애들 같이 들떴다.

서안은 과연 사적의 보고다. 고승 현장(玄奘, 三藏法師)이 657부의 불경 번역작업을 하기 위해 지었다는 대안탑(大雁塔), 의정(義淨)이 4백부의 경전을 번역하기 위해 지었다는 소안탑(小雁塔), 섬서역사박물관을 비롯해서, 수없이 많은 문화재들이 나그네의 여심(旅心)을 숙연하게 만든다. 서안의 중심 시가지는 더욱 인상적이다.

서안의 상징이라고도 할 수 있는 38미터 높이의 종루(鍾樓), 높이 33미터의 고루(鼓樓)를 중심으로 사방으로 직선의 대로가 뻗은 네모진 시가지. 그 둘레 12킬로미터를 둘러싼 성벽이 서안을 한층 더 고풍스럽게 만들어 준다. 6백년의 역사를 지니고 있다는 이 성벽은 높이 12미터, 위 폭이 15미터나 되니, 당시의 명나라 국력과 통 큰 중국 사람들의 안목에 머리가 숙여진다.

그들의 대륙적인 기질은 지금에도 엿볼 수 있다. 사적의 위용을 살리기 위해서 성벽 내의 시가지는 개발을 통제한다. 결코 개발을 서두르지도 않는다. 종루가 가려진다고 성벽 밖으로만 고층건물을 짓게 하고, 그 신축건물의 외관도 중국풍이라야 한다.

세계를 놀라게 한 진시황병마용갱(秦始皇兵馬俑坑)의 발굴도 그렇다. 현재 발굴된 것은 일부분인데, 진시황병마용갱의 스케일도 놀랍지만, 서두르지 않는 그 여유와 자존심도 본받을 만하다. 합작발굴을 일본인이 제의하자, 2천년을 지하에서 잠재웠는데, 앞으로 2천년인들 못 참겠느냐며, 자기들의 기술로 서서히 발굴하겠다고 거절했단다. 그들의 자부심과 문화재에 대한

인식을 되새겨볼 대목이다.

시황제능을 지키기 위해 만들어진 지하군단이 병마용갱이니 진시황능이야 오죽하랴 기대를 크게 하게 된다. 물론 처음에는 높이 130미터, 외성의 둘레가 6.2킬로미터에 달하는 규모였다고 하니, 분묘라기보다 조그만 야산이다. 지금은 높이 76미터의 봉우리 정상까지 일직선으로 돌계단을 놓아 관광객의 전망대로 변했다.

몇 해 전 취푸(曲阜)의 공자(孔子)묘를 찾았던 일이 생각났다. 흡사 우리나라 야산의 묵묘 같이 잡풀에 뒤덮인 초라한 무덤 아닌 무덤 앞에 '大成至聖文宣王墓(대성지성문선왕묘)'란 묘비 하나를 세워 놓고, 관광객을 유치하려는 공자묘의 관리 상태를 보고 크게 실망을 했었는데, 규모는 달라도 진시황릉의 봉분마저 돈벌이에 활용하는 데는 실소를 금할 수 없었다.

아무리 유물사관적인 시각에서야 꼭 같은 흙더미에 지나지 않겠다지만, 뭇사람의 발걸음에 짓밟히고 있는 지하의 진시황은 어떤 반응을 할까 부질없는 생각을 하며, 봉분 정상에서 크게 심호흡을 했다.

서안관광에 빠질 수 없는 곳이 양귀비(楊貴妃)와 당나라 현종(顯宗)황제가 놀아난 온천별장, 화청지(華清

池)이리라. 화청지 입구에 들어서면 구룡지(九龍池)라는 큰 인공 연못이 나오는데, 그 속에 양귀비의 흰 대리석 조각상이 세워져 있다.

누군가가 그 앞에서 기념사진을 찍자고 하니 약속이라도 한 듯, 그것도 남자들만이 우르르 달려 나온다. 그것은 분명 양귀비상도 아니요 서양여인의 반나상인데 말이다. 여행에서 남는 것은 사진밖에 없다고 정신없이 찍어대던 것도 옛말이고, 사진을 찍는 것이 귀찮다고 기피하던 백발신사들의 가슴 한 구석에는 그래도 타다 남은 불씨가 남았구나 싶다.

해당탕(海棠湯), 연화탕(蓮華湯), 성진탕(星辰湯) 등 갖가지 욕탕의 흔적이 남아 있는 청화궁(淸華宮)의 구석구석에 숱한 역대 황실의 환락과 역사의 희비가 스며들어 있다. 장개석(蔣介石)이 말년에 장학량에게 체포, 감금당했다가(이른바 西安事變), 결국은 대만 섬으로 쫓겨 나가야 하는 굴욕을 당했던 운명의 현장도 이곳 화청지라니, 인생의 덧없음을 웅변으로 일깨워준다고나 할까.

일본의 북 알프스

야마나까(山中) 온천장

일본의 산악지대를 보고파서 다데야마알펜루트의 관광길에 올랐다. 대자연 속으로 들어가서 산과 나무와 물만 보다 나올 것이라던 안내자의 말대로, 첫날밤부터 이름 그대로의 '산중'에서 보냈다.

고마쓰(小松)국제공항을 벗어나자 한가로운 시골의 전원풍경이 마음을 여유롭게 풀어준다. 이시가와(石川)현의 전통공예품을 전시한 유노구니노모리(湯の國の森)를 잠깐 둘러보자, 버스는 산골짜기 깊숙이 자리 잡은 가가(加賀)시의 야마나까 온천장으로 직행했다. 민가라야 몇 채 보이지 않는 산골 마을이다. 전면에서 보기에는 4, 5층쯤 될 법한 호텔이다. 'Tawaraya'라는 간판이 이색적이다.

로비에 들어서니 입구에 볏짚으로 만든 우리나라의 숯가마 같은 것이 피라미드 모양으로 쌓여 있다. 그것이 다와라(俵)다. 옛날 우리 농촌에서는 두 가마들이 볏섬을 사용했는데, 그 3분의 1쯤 되는 일본의 섬이다. 온천장을 개설할 당시에는 숙박료를 곡물로도 받았는데 손님이 많아 곡물 섬이 문전에 쌓였다고 한다. 800년 전 창업 당시의 이야기이며, 장장 35대째 내려오는 온천이란다. 신용을 으뜸으로 하고, 전통을 자랑하며, 긍지로 꽉 찬 사람들이렷다. 다와라야(俵屋)라는 이름을 옥호로 자랑할 만하지 않은가.

로비에서 한 층 올라간 방인데, 들어가 보니 6층이다. 창밖을 내다보면 잡목들이 우거진 절벽이 시야에 가까이 다가선다. 깊은 계곡이다. 넓이 10여 미터쯤 되는 계곡물이 급하게 흐르는데 그 깊이만도 1미터를 넘겠다. 계곡물이 아니라 강물이다. 내 마음속의 잡스러운 것마저 휩쓸어갈 것 같은 엄청난 수량의 소용돌이를 방안에서 내려다 볼 수 있다니….

수면 가까이에 지하 1층의 대중탕과 노천탕이 있으니, 계곡의 지형을 살려 물가에 세운 호텔이다. 열 명이 자고도 남을 만한 다다미방에 여종업원이 들어와서 두 채의 이불을 깔아주니 썰렁할 지경이다. 저녁에는 단체라 식당에서 전통적인 가이세끼(會席)요리를 맛보았다. 개인별로 차려 놓은 독상 앞을 기모노의 여인이 무릎걸음으로 정성어린 서비스를 한다.

일본 특유의 회식문화를 체험하고, 쾌적한 다다미방의 이국정취를 만끽하는 첫 밤은 흐르는 물소리 속에 깊어만 갔다.

다데야마구로베알펜루트의 장관

아침 8시에 서둘러 호텔을 출발했다. 다른 관광 팀보다 다데야마 연봉을 편하게 횡단하기 위해서다. 일본의 지도를 펴보면 혼슈 열도가 북에서 남으로 뻗어 내려오다 중턱에서 거의 수직으로 꺾여서 서쪽으로 뻗어갔다. 그 꺾인 중심부 지역이 가장 험한 일본의 알프스지대다. 헤아릴 수 없이 일본을 드나들었지만 주로 대도시나 그 주변의 명승지 관광에 그쳤다.

동경에서 신간센을 타고 관서지방으로 가다보면 오른쪽으로 눈 덮인 후지산을 볼 수 있다. 일본의 상징이라고도 할 만하다. 그래서 도쿄에 처음 갔을 때 하루는 시내관광을 하고, 다음날 후지산 관광을 하고는 일본의 산은 더 볼 것이 없다고 생각했다. 큰 착각이었다.

일본의 3대 영산이라고 하는 후지산, 하꾸산(白山), 다데야마 연봉(立山連峰)이 중부의 알프스지대에 모여 하늘을 찌르고 있지 않은가. 특히 다데야마 연봉은 산악신앙의 성지요, 근대등산의 발상지로 유명하다. 그러니 다데야마구로베알펜루트의 개발은 인간의 지혜와 기술이 자연에 도전하여 성공한 예라 하겠다. 인간의 접근을 거부해온 고산준령을 뚫어서, 막혔던 북부 해안지대와 관동, 관서지방을 소통시켰다. 물류, 문화의 융합과 레저, 관광의 활성화로 일본 열도의 모습과 기능을 확 바꾸어 놓았으니 신과 인간이 합작한 걸작품이라고나 할까.

다데야마구로베(立山黑部)알펜루트란 도야마(富山)현 다데야마(立山)에서 나가노(長野)현 오기사와(扇澤)까지의 험준한 산악 관광코스를 말한다. 우리는 니가다현으로 해안 길을 따라 북상하다 내륙으로 들어가, 오기사와역에서 출발하여 다데야마역으로 가는 역코스를 택했다.

석회분이 녹아서 물빛이 회색으로 변한 희메가와(姬

川) 강을 끼고 버스는 산악 길을 줄기차게 올라가기만 했다. 산사태에 대비하여 덮어씌운 철 구조물과 터널이 끝없이 이어지니 '터널길'이란 것이 옳은 표현이리라.

마쓰가와(松川), 하꾸바(白馬), 히라가와(平川) 등 고원도시를 거쳐 해발 1,433미터나 되는 오기사와(扇澤)역에 정오경에 도착했다. '關電터널트로리버스여객 5천만 명 달성'이라는 현수막이 눈길을 끈다.

관서전력이 담당한 '관전터널'은 아까사와다께(赤澤岳, 2,678m)의 중턱을 관통하여 트로리버스로 달리는 6.1킬로 구간이다. 16분 만에 터널을 나와, 구로베(黑部)댐역(1,470m)으로부터 0.8킬로나 되는 댐 위를 도보로 걸어 구로베고(黑部湖)역까지 온다. 여기서 다시 케이블카로 구로베다이라(黑部平)까지 지중 0.8킬로, 로프웨이로 공중 1.7킬로를 달려 다이간보(大觀峰)역에 이르니, 해발 2,316미터라 흰 눈이 봉우리를 뒤덮고 있다. 이곳으로부터 다시 터널로 다데야마(3,015m)의 중턱을 관통하여 건너편 무로도역까지 3.7킬로를 트로리버스가 달린다.

무로도(室堂: 2,450m)역에서 비죠다이라(美女平: 977m)를 거쳐 다데야마역까지 24.3킬로의 내려오는 길은 고원 전용버스를 타는데 더없이 환상적이다. 평균 적설량이 16미터나 되는 설원에 자동차 길만이 까맣게 나있다. 고층빌딩 같이 수직으로 깎인 설벽 사이로 구불구불. 그 길이 구곡양장의 연속이다. 산벚꽃과 유채꽃이 만발한 산야를 아침에 보며 올라왔거늘, 설국의 정취를 만끽하다니 대자연의 조화에 할 말을 잊는다.

구로베 협곡의 교훈

다데야마 연봉을 관통하고 내려와서 도야마(富山) 시내서 여장을 풀고, 다음 날(5월 3일) 아침 일찍 구로베 협곡의 관광에 나섰다. 구로베 협곡은 다데야마 연봉과 아도다데야마(後立山) 연봉 사이의 협곡이다. 일본에서 가장 험준하고 가파른 산세를 자랑하는 산악지대의 V자 협곡인데, 다데야마의 만년설이 녹아내리는 구로베가와(黑部川) 강의 상류를 막아 구로베댐을 만들었다. 그리고 그 하류에 4개의 발전소를 만들어 관서지방의 전력난을 해결하고, 이 협곡의 비경을 관광자원으로 활용한 것이다.

버스로 한 시간쯤 달려 도록고전철의 시발역인 우나

쓰끼(宇奈月) 온천역(224m)에 8시 반에 도착했다. 보통 '도록고전차'라고 불리는 구로베 협곡 철도는 우나쓰끼 역에서 게야기다이라(欅平) 역까지 21.1킬로의 협궤철도를 말한다. 터널 41, 철교 22개를 지나야 한다. 그 상류 6킬로는 철도를 부설할 만한 지형도 못되어서, 산 속의 암반을 L자로 터널을 뚫었으며, 200미터의 수직 터널은 엘리베이터로 올라가는 식으로 전진하여 '세기의 대공사'라고 찬탄하는 제4발전소를 완성하고 만다.

우리는 시간관계로 3분의 2쯤 되는 지점인 가네쓰리(鐘釣, 443m)까지만 올라갔다 돌아왔다. 게야기다이라는 해발 599미터나 되니 훨씬 험준한 지형인데 못 본 것이 아쉽다. 22분이면 갈 수 있는데 시간관계로 못간 것은 아닌 듯하다.

구로베 협곡 철도는 댐과 발전소를 건설하는데 필요한 자재와 인부를 실어 나르기 위해 부설한 것이나, 지금에 와서는 관광자원으로 십분 활용하고 있다. 구로베댐을 완성함으로써, 11.5킬로에 이르는 구로베 호수가 생겨 가루베(Garve)라는 유람선을 띄우고, 하류의 구로베강 주변 골짜기 골짜기마다 온천장과 관광시설을 개발할 수 있었으니, 전력난의 해소와 알펜루트의 소통과 더불어 일석삼조의 성과를 거두고 있지 않은가.

구로베댐만의 공사에도 7년의 세월에 연인원 1천만 명이 동원되고, 171명의 순직자를 내었으나, 끝내 해내고 말았다. 자연 경관의 훼손을 막고 눈사태의 위험을 피하기 위해서, 모든 발전시설과 변전소를 지하에 만든 점도 간과할 수 없는 점이렷다. 환경운동가의 생떼쓰기도 원천적으로 봉쇄한 셈이다. 일본은 우리나라보다 국토만 넓은 것이 아니다. 대자연의 경관도 부럽기 이를 데 없다. 그것을 개발하는 기술과 저력을 민족적 감정 때문에 과소평가한다면 참으로 가소로운 일이다.

도록고전차를 타고 스쳐온 협곡의 절경들을 뒤돌아보자니, 구로베댐을 건너갈 때 시간에 쫓긴 나머지 6인의 인물상을 조각한 '순직자위령비'가 댐의 오른쪽 언덕배기에 있다는 것을 모르고 지나친 것이 어쩐지 아쉽고 찜찜하게도 느껴진다.

앙코르와트의 불가사의

구찌땅굴을 보고 호치민시로 돌아와서 바로 베트남 항공편으로 인접한 캄보디아의 5대도시에 들어가는 시엠립(Siem Reap)으로 옮겨 갔다. 국제공항이라고는 하나, 배수시설도 안되어 있는 평평한 대초원에 시멘트 활주로 한 줄기가 약간 높이 뻗어 있는 한적한 시골비행장이었다. 전날 밤까지 비가 왔다고는 하지만 물 논 바닥으로 추락하는 것 같아 불안하기마저 했다.

호텔에 짐을 풀고 저녁식사를 하며 13세 내지 17세의 무희들이 추는 민속무용 압싸라(Apsaras, 선녀란 뜻)춤을 감상했다. 우리나라 고전무용이 어깨의 율동에 흥과 멋이 깃들어 있다면, 손가락의 유연한 움직임에서 옛날의 영화를 감지할 수 있다고나 할지….

다음날(9월 15일)은 앙코르(Angkor, 성벽으로 둘러싸인 도시란 뜻)의 유적을 둘러 본다하여 모두들 운동화에 단단히 무장을 하고 나섰다. 오전에는 앙코르톰(Angkor Thom, 큰 도시국가란 뜻)을 보았는데, 캄보디아인들은 흔히 앙코르톰을 대앙코르, 앙코르와트(Angkor Wat)을 소앙코르라고 부른다고 한다.

앙코르톰은 주위의 길이 12킬로에 높이 8미터의 성벽으로 둘러싸인 정사각형의 넓은 터인데, 바이욘(Bayon)사원을 비롯하여 바푸온(Baphuon)신전, 왕궁, 코끼리광장, 피미아나카스(Phimeanakas)궁전 등 수많은 유적이 모여 있다. 앙코르야말로 찬란했던 크메르문화의 위상을 자랑하는 유적군(遺跡群)이다. 9세기 초부터 15세기 중엽까지의 크메르왕조가 캄보디아를 통치했으니, 지금의 유적들이 대개 1천년 내지 8백 년 전에 만들어진 것이다. 이 성 안팎에 12세기에 1백만의 시민이 살았다고 하니 그 번영상을 짐작할 만하다. 평평한 사질양토에 자갈 하나 찾아볼 수 없는 지질이니, 40킬로나 떨어진 곳, 푸놈꿀레라는 사암(砂岩)의 산지로부터 날라다 지은 것이라고 한다. 자동차도, 크레인도, 컴퓨터도 없었던 그 옛날의 대역사이니, 피라미드나 만리장성 못하지 않게 참으로 불가사의한 것이다. 지금 남은 유적 중 10개를 오전에 대충 둘러보았고, 점심을 먹고 나서 가슴 설레는 앙코르와트의 관광으로 들어갔다.

아시아의 피라미드라고 하는 앙코르와트 사원은 12세기 전반에 자야바르만 Ⅱ세(Soryavarman Ⅱ)가 자기 사후의 행복을 기원하기 위하여 비쉬느(Vishnu)신에게 세계최대의 사원을 바치기로 하고 지은 것이며, 자기의 장례식도 이 사원에서 치르도록 명령했다고 한다. 그래서 다른 사원이 전부 동향이지만, 이 사원만은 정서향으로 되어 있다. 앙코르와트사원은 사원 밖으로 파놓은 수로 장애물로 에워싸여 있는데, 수로의 폭이 190미터, 남북이 1,300미터, 동서가 1,500미터이며, 그 주위를 높이 3미터의 석축을 쌓아 놓았다. 안으로 들어가면 3중의 회랑(回廊)이 있고, 그 안의 중심부에, 네 모서리의 4개 탑과 중앙탑이 솟아 있는데, 중앙탑의 높이가 지상 65미터나 된다. 제일 밖의 회랑의 길이가 남북이 180미터, 동서가 2백 미터인데, 회랑 내부의 벽면에는 비쉬느신을 비롯해 힌두교 신들의 일화, 전설, 자야바르만 Ⅱ세의 공적 등을 설명하는 그

림이 정교하게 조각되어 있다. 그 많은 돌의 이음새가 보이지 않을 정도로 이어져 있고, 그 위의 그림이나 문양이 고르게 양각으로 조각되어 있으니, 그리고 기둥이나 석탑 어디고 보이는 돌 표면마다 온통 무엇인가 조각되어 있으니, 그것은 인간의 능력한계를 벗어난 신기(神技)의 소산이다.

웅장하고 화려하고 정교한 석조건축을 할 수 있었던 것도 불가사의에 속하지만, 1천년이 지난 지금에도 정서향으로, 한 치의 기울기도 없이 버틸 수 있게 지은 건축술의 완벽성을 누구도 해명할 길이 없다. 지금은 비록 쇠퇴했지만, 당시의 크메르인의 열광적인 신앙과 놀라운 창조력 앞에 압도당하지 않을 수 없다. 7대 불가사의란 뜻을 가서 보고, 실감해야 알 것 같다.

15세기 중엽에 캄보디아가 태국의 씨암(Siam)족의 침공으로 멸망한 후, 이 거대한 사원이 무려 4백년간을 밀림 속에 방치되어 잠자고 있었던 것이다. 그동안에 나무 종자가 사원의 지붕이나 석축 틈새에서 싹터 거목으로 성장했고, 그 거대한 뿌리가 뻗어 내리며 돌 틈을 벌려 파괴하면서, 한편으로는 밖으로 휘감아 육중하게 결박을 해 놓았으니, 1천년에 걸친 인간과 자연의 대접전을 보는 것 같아 숙연해진다. 그 나무를 베고 뿌리가 없어지면 돌들도 와르르 무너질 판이니, 이제는 싸우며 공존하되, 가는 데까지 가는 수밖에. 새로운 예술품으로 탈바꿈하고 있으니, 그 나무를 천연기념물로라도 지정해서 보호해야 할 것 같다.

미국 서부 코치 투어

미국은 하늘도 넓다

비행기를 타고 인천에서 미국 동부까지 날아 가다보면 날짜가 바뀌고, 같은 나라 안에서 시간대가 자꾸 바뀌니, 미국이란 나라가 얼마나 멀리 있는 나라이고, 얼마나 넓은 나라인지를 알게 된다. 그러나 미국의 서부지역을 자동차로 달려보지 않고서야 어찌 미국 땅의 광대함을 실감할 수 있겠는가.

국립공원의 감흥도 대단하였지만, 일직선으로 넓게 뚫어놓은 프리웨이를 하루 종일 달려가도 끝이 없는 사막지대의 체험이야말로 서부관광의 백미라 하지 않을 수 없으리라. 서부개척시대의 무대가 된 그 황야만 넓은 것이 아니다. 구름 한 점 없이 투명하고 눈이 시리도록

푸르기만 한 하늘이 아득한 지평선을 감싸 안으니, 미국은 하늘마저도 높고 넓을 수밖에 없지 않은가.

샌프란시스코의 야경

가장 높은 언덕(해발 276미터)이라는 트윈피크(쌍둥이 봉우리)에 올라가 시내의 전경을 바라보고, 베이 크루즈유람선으로 금문교와 연방형무소가 있었던 알카트라즈(Alkatraz)섬을 돌아보았다.

샌프란시스코만의 좁은 길목 위에 걸쳐 놓인 아름다운 금문교나 오르내리는 언덕 위에 닥지닥지 붙어있는 고만고만한 집들이며 거리풍경은 20년 전이나 별로 달라진 게 없는 것 같다. 아니 공해방지를 위해서 케이블카(전기차)를 대중교통수단으로 여전히 사용하고 있고, 골드러시 시절의 구닥다리 궤도차마저도 관광용으로 운행하고 있다.

새로운 것을 발견했다면 6색 깃발이 여기저기 펄럭이는 레인보우 빌리지(Rainbow village, 게이들의 거리)의 이색풍경이라고나 할까. 그것도 자랑이라고 문전에 깃발을 꽂아놓는 것인지 그 까닭을 모르겠다. 동성연애자들이 제도적으로 보호를 받아가며 활보하는 나라이니, 문화와 정서의 이질성을 실감하게 되는 대목이다.

샌프란시스코관광의 백미는 야경이라 하겠다. 전등으로 수놓은 금문교의 곡선미는 말할 것도 없거니와 산 위의 집들이 불야성을 이루고, 13.2킬로나 되는 베이브릿지(Bay Bridge)와 그 위를 달리는 자동차 미등의 붉은 불빛 행렬이 끊어질 줄을 모르니, 참으로 장관이다.

요세미티공원의 연기

끝이 안 보이는 평원을 줄기차게 달렸다. 2월에서 5월까지만 푸르다니, 황갈색으로 뒤덮인 사막지대와 비 없는 여건 하에서 용케도 개발한 농장지대가 이어진다. 캘리포니아주에서 미국 농산물의 43퍼센트를 생산한다니, 그 규모가 짐작이 된다. 포도, 호두, 아몬드, 복숭아 등 끝이 안 보이는 각종 과일밭을 스쳐 달리자니, 이것은 밭이 아니라 상상을 초월하는 수해(樹海)다.

140번 도로를 달려 요세미티공원의 협곡 깊숙이 들어오니, 대평원과는 전혀 다른 절경이다. 그 옛날 빙하에 의해서 깎여나간 계곡이라 노르웨이의 피요르드

같이 양쪽으로 이어지는 수직 절벽에다 거대한 바위들이 그 위용을 자랑한다.

한 덩어리 바위로는 세계최대라고 자랑하는 3천 피트 높이의 El Capitan Rock과 192미터의 면사포폭포(Bridalveil Fall), 739미터의 요세미티 3단 폭포가 관광객의 시선을 사로잡는다. 골짜기를 메운 수목은 도토리나무, 소나무, 레드우드(Red Wood)가 주류를 이루고 있는데, 대부분이 아름드리 거목이다. 땅바닥에 깔려있는 도토리도 3센티 정도로 탐스럽고, 마른 솔잎도 한 뼘 반이나 되니, 사람도 식물도 대지를 닮나 보다.

돌아 나오는 길은 계곡 건너편 절벽 위에 능선을 따라 개설한 41번 도로다. 터널을 지나 얼마쯤 달렸을 때였다. 오른쪽 소나무밭 너머로 불에 그슬린 소나무들이 앙상한 몰골을 드러내기 시작을 하는데, 그 넓이 또한 끝이 안 보인다. 한 번 불이 나면 복구되는데 수백 년 걸린다니 가공할 재난이다. 그 산불이야기가 한창인데, 놀랍게도 연기가 앞쪽의 소나무 숲에 자욱한 것이 아닌가. 연기냄새가 차 안에까지 스며드니 되돌릴 수도 없는 좁은 산길에 겁이 덜컥 났다.

버스의 창밖을 내다보니 솔밭에서 잘라 모아놓은 잔

가지와 쓰러진 고목 토막에 불이 붙어 불꽃까지 내뿜고 있지 않은가. 눈사태에 대비해서 소나무 밑을 훤하게 정리하려고 불태우는 것이고, 주위에 약물 처리를 해서 화재의 염려는 없다고 한다.

그랜드캐니언의 장관

농업의 중심지인 프레즈노(Fresno)로 이동하여 둘째 날의 여장을 풀고, 다음날은 하루 종일 질리도록 황야를 달려야만 했다. 군사, 교통의 요충인 바스토우(Barstow)를 거쳐, 투숙예정지인 라프린으로 오기까지, 도중에 폐광지대인 캘리코 은광촌을 들르기는 했으나 모하비사막(Mojave Desert)의 황량함을 몸으로 느껴보는 하루였다.

라프린은 네바다주의 콜로라도 강변에 개발된 휴양도시인데, 관광호텔이 줄을 지어 들어서 있고, 강을 건너면 바로 목동의 나라 아리조나주가 된다. 강변 산책로를 걷다가 강물을 내려다보니, 가로등 불빛에도 강바닥이 어항 속같이 들여다보였다. 개발과 오염의 등식은 한국만의 사정인가 보다.

그랜드캐니언은 여러 층의 퇴적층으로 된 붉은 암석

지대를 콜로라도강의 급류가 수억 년을 두고 침식을 해서 만들어진 대협곡이다. 황토색 절벽 끝에 서면 격지격지 쌓인 단층에 끝이 안 보인다. 강의 길이 443.2킬로, 평균 깊이 1,600킬로, 계곡의 폭이 8백미터에서 28.8킬로, 총면적은 160만 평방킬로. 이러한 숫자가 무슨 의미가 있으랴. 시야에 들어오는 협곡만으로도 억만년의 신비와 사연을 말해주기 바쁜데… 말을 타고 강가까지 내려갔다 오려면 하룻밤을 자야한다니, IMAX영화감상으로 호기심을 달래고, 일정 따라 라스베가스(Las Vegas)로 차를 돌려야 했다.

변신하는 라스베가스

네바다주는 미국 서부의 내륙주로서, 99퍼센트가 사막이라고 하는데도 세계의 관광객이 몰려들고 있어 잘 살아가는 묘한 나라이다. 영토의 70퍼센트는 연방정부에 빌려주어 핵실험장이나 군사용으로 이용되고, 도박과 환락의 도시를 여기저기 건설해서 그 세금으로 운영된다. 도박의 합법화는 진부한 이야기고, 매춘마저도 합법화한다.

'할리우드의 마담 뚜' 하이디 플리스(Fleiss)가 여성

들을 위해, '하이디의 종마(種馬) 사육장(Heidi's Stud Farm)'이라고 이름 붙인 남자 집창촌(集娼村)의 건설을 밝히고 나섰다니 말이다. 결혼식도 1백 불이면 값싸게 치를 수 있고, 이혼도 며칠이면 쉽게 할 수 있고… 세금만 걷어 들일 수 있다면 인간의 욕망충족을 무엇이든 제도적으로 보장해주는 것 같다. 우리에게는 그렇게도 어려운 '규제완화'란 용어를 이곳에서는 처음부터 폐기처분한 것이 아닐까.

우리 버스는 해가 지기 전에 도착해서, 낮과 밤이 전혀 달라지는 두 얼굴의 도시 라스베가스의 야경을 체험하게 되었다. 도박과 환락에 몰입하는 성인에게만 매혹적이었던 7, 80년대의 라스베가스는 몇 번 변신을 하지 않았는가. 지금은 어린이와 온 가족이 찾아와서 휴식하며 돈을 뿌리고 가도록 다양한 볼거리, 먹을거리와 놀이시설이 개발되었고, 그래도 모자라서 신시가지에서는 호텔 건축이 활기차게 이어지고 있다.

저녁을 마치고, 현란한 '전구쇼'부터 보러 올드 라스베가스 타운으로 갔다. 중심가의 넓은 길 위에 지붕을 덮고 2백만 개 이상의 전구를 들여 설치한 시설과 영상의 선명도도 대단했지만, 천장 중앙부에 동그란 엘지의 영업표가 마치 우리를 환영이라도 하듯 웃고 있지 않는가.

요란한 카지노장은 외면을 하기로 했으니 이 거리 탐방의 재미는 반감되겠지만, 다양한 쇼와 야경만으로도 충분한 보상은 받는다. 유명하다는 쥬빌리쇼(Jubilee, 80불의 선택 관광)보다도 여기 저기 넘쳐나는 옥외쇼와 야경이 훨씬 인상 깊게 뇌리에 남는다. 벨라지오(Bellagio)호텔의 분수쇼는 첨단의 전산기술이 연출하는 물과 음률과 빛의 멋진 협연이다. 호텔 앞 인공호수에서 26층 정도 높이까지도 물을 뿜어 올리는 분수가 음악과 조명에 따라 춤을 추니 탄성이 저절로 나온다. 미라쥐(Mirage)호텔의 화산쇼도 공짜 구경치고 장관이다.

신시가지에 들어서는 호텔들은 모두가 거대한 고급호텔이며, 세계적 명품 브랜드의 쇼핑몰을 비롯해서, 회의장, 비즈니스센터 등 다목적 시설을 갖추고 있다. 특히 나라나 명칭 따라 전형적인 상징물을 등장시키고 있으니, 베네치아호텔 안의 곤돌라가 떠다니는 운하와 푸른 하늘 아래 인파가 북적대는 광장, 씨저스 팰레스호텔의 씨저동상과 콜로시엄, 파리호텔의 루불박물관, 에펠탑,

개선문이라든가, 호텔 '뉴욕 뉴욕'의 엠파이어스테이트 빌딩, 자유의 여신상이 시선을 끈다. 그밖에도 피라미드, 회교사원 등등 온 세계의 명물이 총동원되었으니, 라스베가스의 밤은 세계 일주라도 하는 것 같은 착각을 일으키기 쉽다. 언젠가는 우리도 라스베가스에 진출을 해야 하겠거늘, 호텔 '서울'의 상징물은 무엇이 좋을지 얼른 정답이 안 떠오르니, 세계시장을 향한 관광 한국으로의 길은 멀고도 험난한 것이 아닐까.

캐나디안 록키산맥의 장관

물 덕에 잘 사는 나라

물의 혜택을 제일 크게 받는 나라가 캐나다일 것 같다. 장엄한 나이아가라폭포와 만년설로 뒤덮인 록키산맥과 헤아릴 수없이 많은 호수와 강의 맑고 풍부한 물이 없다면 캐나다의 관광산업은 성립할 수 없다. 그 물이 아니면 울창한 산림의 목재도, 광활한 밀밭 농사도, 연어를 비롯한 수산자원도 있을 수 없을 것이니 캐나다를 먹여 살리는 3대 산업은 송두리째 무너질 것이다. 러시아에 이어 크기로 두 번째라는 영토도 상당부분이 쓸모없는 동토라지만, 실은 고갈될 수 없는 물의 공급원이니 말이다.

7박 8일에 걸쳐 캐나다 록키산맥(Canadian Rockies)

을 둘러보니 나도 와 살고 싶은 땅이 이곳이구나 하는 생각이 든다. 대자연에 무모한 개발의 손을 대지 않고 있는 그대로의 상태를 보존하기 위해 엄격한 규제와 관리를 하며 여유롭게 살아가는 부자나라가 아닌가.

만년설을 이고 도열한 봉우리들

7월 16일 캐나다 록키관광팀 32명은 밴쿠버에서 다른 크루즈팀과 헤어졌다. 북으로 '준 사막지대'를 몇 시간 달려 캠룹스(Kamloops)의 Comfort Inn이란 호텔에서 여장을 풀었다. 짐을 정리해 불필요한 일부는 맡겨두고, 다음날부터 본격적인 관광에 들어갔다.

내륙의 중심도시인 자스퍼(Jasper)로 향하는 도중에 록키산맥의 최고봉이라고 하는 랍슨산(Mt. Robson)을 멀리서 바라보았다. 각이 진 바위 봉우리에 전체가 풀 하나 없는 석회석에 만년설로 뒤덮여 있으니, 아름다운 산이 아니라 신기할 뿐, 멋없는 산, 쓸모없는 산이란 것이 옳은 표현이다. 해발 3,955미터라고 하나, 이미 자동차가 1천 미터를 훨씬 넘는 고산지대를 달리고 있으니, 시각적으로는 별로 높아 보이지도 않는다.

과연 록키는 산이 아니라 산맥이다. 아름다운 호수

나 폭포, 화사한 꽃들의 미시관광도 황홀하지만, 거대한 산들이 도열하고 있는 산맥의 신비야말로 거시관광, 규모의 관광이라고나 할지, 록키관광의 핵이요 하이라이트라고 하겠다.

한라산 높이의 고지대에 경부고속도로보다도 곧은 길이 몇 시간을 달려도 끝이 없고, 그 길 양쪽에 한라산보다 훨씬 큰 규모의 산들이 몇 십 개 몇 백 개 만년설을 이고 평행으로 나란히 줄지어 늘어섰다. 몇 만 년 전에 빙하가 휩쓸고 지나며 생긴 천연경관이라고 설명은 하지만, 그 규모와 배열이 너무도 신비로워 상상을 초월한다. 나이아가라를 처음 볼 때 조물주는 불공평했다고 생각했었는데, 다시 그런 생각에 사로잡히는 것을 어찌하랴. 나이아가라 하나만으로도 족하지, 록키까지 겹으로….

콜럼비아빙원의 진풍경

록키를 빛내주는 상징물은 빙원과 빙하다. 빙하기 이래 새로 쌓이기만 하는 눈더미가 시커먼 고봉을 뒤덮고 두께 30미터 이상의 빙원을 이루면, 그 엄청난 압력에 밀려 봉우리 사이의 파인 계곡으로 비죽 튀어

나온 얼음덩이가 빙하를 이룬다. 그러기에 빙원의 부피와 빙하의 길이는 그 산의 위용의 표상이기도 하다. 접근이 어려운 만큼 신비를 더하고 사람들의 마음을 사로잡는다.

콜럼비아빙원(Columbia Ice Field)으로부터 생성된 아사바스카빙하(Athabasca Glacier)의 아랫부분에 특수제작품인 설상차를 몇 대 가져다 놓고, 얼음벌판을 밟아 보며 몇 만 년 사람의 손이 안간 얼음물을 직접 떠 마셔보게 하니 빙하관광의 꽃으로 각광을 받을 수밖에 없다.

설상차에서 내려 중간 셔틀버스를 기다리는 동안, 서양인 운전기사가 갑자기 외쳐댄다. '대~한민국~ 따따 따따 따' 박수를 치며. 그의 서비스정신도 가상하다. 월드컵 4강의 신화는 캐나다 구석구석에 스며들어 교민들의 위상을 높여 주었다는 말이 실감이 났다.

에메랄드색 호숫가의 비경

사방에 빙하가 뒤덮이니, 크고 작은 폭포와 호수가 많을 수밖에 없다. 페이토(Peyto)호수, 보우(Bow)호수, 에메랄드(Emerald)호수, 모레인(Moraine)호수, 말린(Maligne)호수, 메디씬(Medicine)호수, 레이크 루이스(Lake L ouise)호수, 한결같이 아름답다.

고원지대에 자리 잡은 호수의 넓이도 넓이지만, 에메랄드 색의 그 파란 물빛에 감탄을 하지 않는 사람은 없다. 물속의 광물질에 빛이 굴절되어 일어나는 현상이라고 하나, 바라보는 위치에 따라, 햇빛의 강도에 따라 농도가 달라지니 전천후 관광자원일 수밖에.

파란 호숫가에 쭉쭉 곧게 뻗어 올라간 소나무, 전나무숲은 푸른 하늘과 어우러져 한 폭의 그림을 이룬다. 누구나 그곳에 서면, 그 나무 옆에 2층 양옥을 지어 무릉도원의 비경을 완성하고 싶어질게다.

샤또 레이크 루이스(Chateau Lake Louise)호텔은 가장 경치 좋은 곳에 자리를 잡았다. 세계 10대 절경에 들어간다는 이곳은 과연 명당자리이다. 꼭 선생님께 차 한 잔을 대접하고 싶다는 표은자 선생 덕에, 이화 식구 일곱 사람이 샤또 레이크 루이스호텔의 커피숍에서 망중한의 휴식을 즐기며 추억거리를 남겼다. 때마침 밖에는 부슬비도 잠깐 뿌려주고, 호수 건너 정면의 빙하 위에는 뭉게구름이 깔아 내리고, 양쪽에 치솟은 봉우리는 안개에 덮였다 벗겨졌다 하니, 그 아름다운 풍경은 형용할 수도 잊을 수도 없다.

체리와 육포

이국땅에 나가면 자연관광, 역사관광 못지않게 맛의 관광도 놓칠 수 없다. 캠룹스를 떠나 사막지대를 가다 노변의 과일가게 앞에 차가 멈췄다. 우루루 달려들어 너도 나도 체리를 사니, 거의 동나고 말았다. 서울의 5분의 1값에 실컷 먹을 수 있었던 것도 즐거움의 하나였다.

워낙 넓은 땅이라, 달렸다 하면 2, 3시간은 기본이란다. 몇 날을 함께 달리며 설명에 지친 현지가이드, 서북미관광㈜의 이동욱 차장이 밴프(Banff)에서 밴쿠버로 돌아오는 길에 육포 한 봉지를 상으로 내어걸고 4행시 공모를 제안했다. 자신도 좀 쉬고, 피로감이 감도는 차내의 분위기를 바꿔주려는 이 차장의 반짝 아이디어다. 제목은 '록키산맥.'

동심으로 돌아가서, 나도 생전처음 4행시를 지어 보았다.

록: 록키의 고봉은 만고의 빙원으로 빛나고
키: 키가 쭉쭉 뻗은 소나무 숲은 바다를 이루고
산: 산봉우리 봉우리 끝없이 이어지는 산맥의 장관도
맥: 맥을 잘 짚어 살펴보아야 아름다운 추억으로 남으리

뜻밖에도 내 것이 제일 많은 박수를 받아 당선의 영광을 차지했다. 육포는 다음날 빅토리아관광의 귀로에 나누어 맛을 보며 즐겼다.

자연과 더불어 사는 마음

울창한 숲, 끝없는 초원은 야생동물의 낙원이다. 고속도로변에 까지 나와 어슬렁거린다. 산양, 엘크사슴은 흔히 보이고, 이따금 흑곰이 한두 마리 나타나면 환성이 터진다. 운전기사까지 차를 후진하며 보여준다. 풀 한 포기, 짐승 한 마리도 자연의 모습대로 보호하고, 실제로 사람도 엄격하게 법을 준수하며, 더불어 사는 여유로움이 오늘의 캐나다관광 붐을 가져온 것이리라.

마지막 날, 브리티쉬 콜럼비아(B.C.)주의 주도, 빅토리아 섬을 찾았다. 세계적 명성이 있는 부차드정원(Butchart Gardens)을 빼놓을 수가 없었다. 이 정원의 넓이는 22만 평방미터이다. 채굴이 끝난 채석장을 아름답게 꾸며보자는 꽃 취미생활에서 시작한 것이 주위의 호응을 얻어, 장미정원, 일본정원, 이탈리아 정원이 추가되며, 세계적 명성을 얻게 되었다. 그만한 땅, 그만큼 아름다운 꽃의 자원, 그 이상 아름다운 전통 정원은 우리나라에도 얼마든지 있을 수 있다. 꽃과 더불어 살려는 마음과 노력의 차이가 있을 뿐이다.

브라질 대국

브라질의 매력

브라질은 남미대륙의 거의 반을 차지한 대국이다. 아마존강을 중심으로 한 광활한 밀림지대가 국토의 60퍼센트를 차지한다. 국토의 광대함만큼이나 자원의 다양성에서도 그 유례를 찾아 볼 수 없는 나라다. 중남미의 모든 국가가 스페인의 지배를 받았으나, 브라질만은 포르투갈의 식민지였으며, 상파울로에는 세계 각국의 사람들이 몰려들어, 세계 인종의 전시장을 방불케 한다.

한편 번잡한 대도시와는 대조적으로 아마존의 오지에 사는 인디오는 현대문명의 접근을 거부하고 있다니, 현대의 문명과 원시 미개의 공존이야말로 브라질

최대의 매력이라 하지 않을 수 없으리라.

세계의 3대 미항이라는 리오데자네이로항이 있고, 3대 폭포라고 하는 이과수폭포가 있으며, 3대 축제라는 삼바축제마저 열린다.

아름다운 리오데자네이로항

2월 24일 오전 8시에 칠레의 산티아고를 출발하여 4시간 반의 비행 끝에 브라질의 리오데자네이로(Rio de Janeiro)공항에 안착했다. 오후에는 마리까낭 축구경기장을 거쳐 코르코바도(Corcovado) 언덕의 거대한 예수상을 가 보았다. 유명한 코파카바나(Copacabana) 해변을 끼고 얼마쯤 달리면 산 밑에 이르고, 전기 궤도차로 709미터의 정상까지 오르면 시가지와 주위의 아름다운 경관이 한눈에 들어온다. 흰 대리석으로 조각한 예수상은 높이 38미터, 벌린 양팔의 길이 28미터, 손만도 3미터에 무게 145톤의 거상이다. 가장 크고 가장 높은 곳에 세워진 것으로, 리오항의 상징물로 널리 세인의 입에 오르내리고 있다.

이 언덕에서 바다 건너로 바라다 보이는 빵산(Sugar Loaf Mountain)은 리오 제일의 명소이기도 하다. 높이

394미터의 원추형의 바위덩어리 산 정상까지 전장 1,400미터의 케이블카로 올라가면 리오항의 아름다움을 또 다른 각도에서 감상할 수 있다. 리오항에는 뾜룩 뾜룩 솟아난 산이 많고, 넓은 바다에 옹기종기 작은 섬이 많이 깔려 있으니, 바다와 산과 시가지의 조화미가 환상적이다.

리오라면 삼바축제를 빼놓을 수 없다. 2월말에 열리는 축제에 맞춰 왔으니, 신이 많은 조 사장은 대낮부터 기대에 부풀어 몸을 흔들어 댄다. 삼바축제는 삼바의 경연장이다. 삼바는 흑인과 인디오의 혼혈인 삼보들의 춤을 말하는데, 유럽의 화려한 의상과 아프리카 특유의 리듬에다 인디오의 정열적인 춤이 접목되어 탄생한 것이다.

밤 9시부터 다음날 아침 6시까지 광란의 행진이 계속된다. 남녀노소 3, 4천명이 5개 분단으로 구성된 각 삼바스쿨팀이 일직선의 중심거리 980미터를 단합된 춤을 추며, 정확하게 2시간 10분에 행진을 마쳐야 한다. 금년의 주제는 '브라질의 역사'이니, 그 내용 또한 잘 표현이 되어야 한다. 마지막 날에 챔피언 퍼레이드를 하게 되는데, 각 팀의 퀸으로 뽑히는 것은 가문의 대단한 영광이라고 한다.

이과수의 장관

삼바축제를 참관하고, 다음날 이과수폭포(Iguassu Falls)를 보기 위해 다시 비행기를 2시간쯤 타고, 세계자연유산으로 지정된 이과수국립공원으로 옮겼다.

이과수폭포는 브라질과 아르헨티나 사이를 흐르는 이과수강이 갑자기 뚝 잘려서 생긴 것인데, 폭이 5킬로, 낙차가 100미터나 된다. 강바닥의 암석과 계곡의 형태, 절벽에 붙어 자라는 수초나 나무들에 의해서 갖가지 형태의 대소 폭포가 수없이 만들어진다. 계곡과 주위의 숲과 폭포가 어우러지니 그 규모나 다양성에서 나이아가라를 훨씬 능가한다. 이과수폭포도 먼저 브라질 쪽을 둘러보고, 다음날 아르헨티나 쪽으로 가서 보는 것이 요령이다.

아르헨티나 쪽에서는 1,200미터나 되는 길고 긴 철다리를 밟으며 강 깊숙이 들어간다. '악마의 목구멍'이라는 가장 큰 폭포 위에다 전망대를 만들어 놓아서, 그곳에서는 항상 사진을 찍으려는 관광객들이 아우성친다. 솟구치는 흰 물줄기와 천지를 뒤흔드는 폭음 속에 빨려들다 보면 대자연의 신비와 위력에 압도되어 자기도 모르게 경이의 탄성을 연발하게 된다. 아무리 보아도 물리지 않을 것 같지만 또 발걸음을 옮겨야 하니 아쉽기 이를 데 없었다.

관광명소가 된 이타이푸 수력발전소

이과수국립공원을 벗어나서 아르헨티나로 가기 전에 들르는 곳이 역시 세계 제1이라고 자랑하는 이타이푸(Itaipu)수력발전소이다. 파라과이와 브라질 사이를 흐르는 세계 10대 장강이 빠라나(Parana)강이다. 브라질이 투자하여 양국 합작으로 빠라나강을 막고 수력발전소를 1984년에 준공하였다. 댐의 높이 190미터, 길이가 8킬로나 되며, 20개의 터빈에서 연간 1,400만 킬로와트의 전력을 생산하는데, 댐 위를 관광버스가 줄을 지어 지나간다.

잉카문명의 불가사의

- 페루의 매력

페루의 수도 리마로

10여 일의 여독이 쌓여만 가는데, 3월 1일은 새벽 4시 기상이다. 8시 45분발 LP 462편을 타야 페루의 수도 리마로 갈 수 있기 때문이다. 바둑판 같이 구획된 아르헨티나의 평원지대를 지나 험준한 안데스산맥을 넘고, 태평양 연안을 따라 북상하기를 꼭 4시간 45분 만에, 남미의 태평양 연안 중간쯤에 있는 해변도시 리마(Lima)에 안착했다. 페루의 수도요 문화, 경제의 중심지인지라, 남미를 찾는 모든 여행객들이 모여들기 마련이다.

남극지방으로부터 북상하는 훔볼트 해류의 수온이 찬 까닭으로, 안개만 낄 뿐 비가 오지 않는 사막지대라는 것이 흠이다. 스페인왕국의 중심도시로서 부왕(副王)이 주재하던 곳이었으니 스페인풍의 광장과 공원이 많고, 잘 정비된 전원도시이다.

대통령궁, 아르마스광장 등 시내관광을 하였으나, 비슷비슷한 건물들이고, 가장 인상적인 곳은 황금박물관이라고도 하는 무기박물관이다. 미구엘 무히까 갈로(Miguel Mujica Gallo)의 개인 소장품이었다는데, 그 양과 다양성에 경탄을 하지 않을 수 없다. 대부분 도굴꾼으로부터 사들였겠지만, 그들에게 문화훈장이라도 주었어야 하지 않았을까.

지하층에는 주로 황금제품인데, 사금을 채취하여 만들었을 18금의 제품들이다. 잉카제국 이전의 부장품, 사람의 두상, 앉은 자세의 미라, 기원전 7800년의 토기까지 있다. 잉카시대의 것이 대부분인데, 술잔, 술병, 식기로부터 목걸이, 코걸이, 허리띠, 팔찌, 옷핀 등 장신구며, 장갑, 외투, 햇빛 가리개, 금박의 벽걸이 등 다양한 제품의 정교함이 잉카문명의 수준을 짐작케 한다. 스페인 통치시대에 들어오면 치마 등 은제품이 등장한다.

지상층으로 올라오면 세계무기박물관이 된다. 창,

칼 같은 원시적인 철제무기로부터 현대적 총포에 이르기까지 그 종류를 헤아릴 수 없다. 일본 사무라이들의 투구, 말안장 등 마구의 종류도 다양하기만 하다. 우리나라 제품으로는 금색 은장도가 유일한 것인데, 관광기념으로 산 것이라고. 하기야 그 옛날 우리나라까지 관광을 온 것만도 장하고 가상하다.

지팡이를 몇 개 모아놓은 나로서는 각종 지팡이에 시선이 끌릴 수밖에. 처음에는 좀 이상하다 생각했으나, 자세히 보니 손잡이 밑 부분이 빠지며 뾰족한 꼬챙이 무기로 둔갑하게 만들었다. 나는 지팡이의 용도에 호신용의 비중은 거의 두지 않았었는데, 그들은 세상이 험악했던지, 만약의 사태에 대한 경계가 철저했던지 아무튼 현명했나 보다.

점심을 마치고 주변의 유적지관광에 들어갔다. 아르마스광장에서 '산 끄리스또발' 성당을 지나 언덕길을 한참 올라가면 유명한 삭사이와만(Sacsayhuaman)이 나온다. 산언덕을 중심으로 3중의 바위 성벽이 층층이 쌓여져 있고, 그 성벽 아래 밖으로는 넓은 초원의 광장이 펼쳐진다. 아래층 성벽의 바위 돌은 더 큰데, 가장 큰 것은 9미터에 달하며, 모서리마다 350톤이 넘는 바위들이 놓여 지그재그로 성벽을 이루고 있다. 놀랍고 신기한 것은 가지각색 형태의 바위들이 틈새가 전혀 없이 입체적으로 맞춰져 있어서, 마치 큰 절벽에 모자이크 선을 그어놓은 것 같이 보인다. 이 요새의 용도가 무엇이었는지, 말(馬)조차 없었던 그 옛날에 어떻게 그 바위들을 운반했으며, 무 토막 썰듯 잘라서 다듬어 끼웠는지, 역사연구가들 간에도 설이 분분하나, 확실한 것은 인간의 손으로 만든 조형물이란 것이다.

잉카인의 뛰어난 건축기술과 돌을 다루는 신기는 다른 유적에서도 얼마든지 엿볼 수 있다. 삭사이와만 석조물을 지나 동쪽으로 10분쯤 가면 껭코(Qenko, 지그재그란 뜻)가 나온다. 이것은 거대한 자연의 바위를 안쪽과 바깥쪽에서 파서 제사를 지내는 종교의식에 사용한 지하신전이다. 미로 같은 좁은 길을 따라 동굴의 안으로 들어가 보니, 살아 있는 제물의 수술대와 제단이 바위를 깎아 만들어져 있다. 원혼들이 아우성이라도 칠 것 같아서 빨리 나오고 말았다.

껭코에서 다시 북쪽으로 2킬로쯤 가서 버스가 섰다. 10여 분 올라가면 땀보마차이(Tambomachay)란 잉카의 목욕탕이 나온다. 3천 7백 미터의 고원지대라 가만히

서 있어도 숨을 몰아쉬게 된다. 고산병 약을 마셨지만 빨리 걸을 수가 없었다. 병원 복도의 중환자 걸음걸이 같이 한 발짝 한 발짝 옮기며 가보니, 쌓아 올린 돌벽 사이의 구멍 3개에서 맑은 물이 콸콸 쏟아질 뿐, 잡초만이 무성한 돌담은 말이 없다. 그 물이 어디서 솟아난 것인지는 몰라도 완벽한 수로를 거쳐 아래로 고루 흐른다. 돌아와 버스로 조심스럽게 올라서니 기다리던 일행들이 안도의 박수를 쳐준다. 내가 견뎌낼 수 있는 폐활량의 한계를 확인한 셈이다.

땀보마차이를 떠난 버스는 곧 다음날의 '마추피추'를 편히 가기 위해서 해발 2,800미터의 고원지대인 우르밤바(Urubamba)로 향했다. 우르밤바 강을 따라 계곡의 절벽길을 구불구불 내려가는데, 안데스산맥이 아니고는 볼 수 없는 절경이다. 저녁 늦게 투숙한 호텔은, 꽃밭 속에 단층으로 나란히 배치한 휴양시설인데, 방 근처로 들어서니 어둠 속에서 꽃향기가 확 풍겨온다. 고급 호텔보다 훨씬 심신을 편하게 해준다.

다음날 아침, 가이드의 모닝콜이 올 시각이 아직도 30분이나 남은 시각인데, 이름 모를 산새들의 지저귐이 방음이 안 된 방안을 뒤흔들어댔다. 아직 먼동이

트기도 전이건만 시끄러울 정도로 새들의 모닝콜은 그칠 줄을 몰랐다. 그만 나도 모르게 뛰쳐나갔다.

안데스산맥의 고원지대 객창에서 전원의 정취를 만끽한 우르밤바 강변의 아침을 시간이 간다고 어찌 잊을 수 있으랴.

마추피추의 불가사의

우르밤바에서 마추피추까지 기차로 간다. 그 기차는 우르밤바 강을 왼쪽으로 끼고 평행으로 계속 달리는데, 강과 철로의 양쪽에는 거의 수직상태의 높은 절벽이 병풍처럼 솟아있어, 하늘만 빠끔히 보이는 대협곡을 이룬다.

강이라고는 하나 20여 미터의 물결 거센 계곡이니 래프팅을 하면 멋있을 듯, 바라만 보아도 힘이 솟구친다. 이렇게 계곡물과의 동행을 무려 1시간 20분을 하여야 하니, 이곳이 아니면 맛볼 수 없는 대자연의 파노라마다. 길이라고는 이 철로밖에 없다니 귀로의 꼭 같은 즐거움이 또 한 번 남아 있지 않은가. 젊은 연인들이라면 즐거움은 또 배가 될 듯싶다.

간이역에서 간단히 점심을 마치고, 예약된 셔틀버스

를 타니, 버스는 바로 강다리를 건너 절벽을 뚫고라도 가는 듯했는데, 수직의 산을 S자 외길로 굽이굽이 돌아 올라간다.

얼마 후에 드디어 정상에 다다르니, 사진으로만 본 돌담 터가 눈앞에 벌어진다. 밑에서는 보이지도 않는, 해발 2,465미터의 절벽 위에 놓여있으니 '공중도시'란 표현이 실감이 나고, 스페인 통치 4백년간 모르고 숲 속에 방치되었었으니 '잃어버린 도시'도 정확한 표현이다.

5평방킬로미터에 이르는 터에 1만 명 정도가 살 수 있는 요새도시를 하필이면 산등성이에다, 누가, 왜, 어떻게 돌을 다듬어서 건설했는지는 알 길이 없으니, 세계 7대 불가사의의 하나라는 것이 실감이 난다.

유적지는 농업구역과 주거구역으로 나누어진다. 농업구역은 경사지에 계단식으로 돌을 쌓아 밭을 만들어 경작하던 곳이다. 비교적 평평한 주거구역에는 제법 큰 광장도 있고, 왕의 구역, 왕녀의 궁전, 태양의 신전, 달의 신전, 중앙신전, 능묘, 피라미드, 감옥(콘돌의 신전), 서민의 주거 등 오밀조밀 구획을 해 놓았다. 초가지붕은 사라지고, 창구멍이 나 있는 벽들만 덩그러니 서 있으나, 돌을 다듬은 솜씨는 이곳도 신기에 가깝다.

Good-bye-boy의 1불 팁

마추피추를 보고 버스가 하산 길에 들어섰다. 서너 번 S자 길을 돌았을까, 3분의 1쯤 내려온 지점이었나 보다. 6, 7세 정도의 어린이 서너 명이 버스 앞 길옆에서 손을 흔들어댄다. 버스가 한 바퀴 돌아 한층 아래로 내려올 때마다 그 녀석들은 앞질러 나타나서 소리치며 손을 흔들어댄다. 애처롭기도 하고, 호기심 반 흥미도 있다. 그 녀석들은 훈련된 발걸음으로 돌계단 길을 수직으로 내려오니 매번 버스보다 빠르다. 버스와의 경주에 승객들이 관심을 갖게 하고, 마지막 하산 길목에서 다리를 건널 때는 어린 녀석 혼자서 버스를 가로막고 필사의 질주를 하는데, 승객의 호기심은 절정에 이른다.

다리를 건너자 버스가 옆으로 서주고, 꼬마 녀석이 올라와서 한국인임을 알아차리고, "안녕하세요." 소리치며 손을 흔든다. 내려가는가 했더니 목에 찬 주머니를 열고 당당히 1불씩을 받아 챙긴다. 누구도 아까워하지 않는 팁을.

그랬다. "너도 안녕하세요."

꼬마 녀석의 앞날에 축복 있기를 빌며 떠나왔다.

우르밤바의 고원길

우르밤바에 돌아와서 하룻밤을 더 쉬고, 나스까로 가기 위해서 리마로 다시 돌아간다. 돌아가는 길은 온 길이 아니다. 숙소에서 치켜다 보이던 높은 산정으로 올라, 의외로 그곳에 전개되는 고원지대를 달려 꾸스꼬로 가고, 꾸스꼬에서 비행기로 리마에 다시 돌아가야 한다. 꾸스꼬에서 우르밤바까지의 계곡길도 절경이었는데, 우르밤바에서 꾸스꼬로 돌아가는 해발 3천 3백미터의 고원길은 훨씬 더 아름답지 않은가. 정상의 전망대에서 바라보는 건너편 산의 원경이나 내려다보이는 우르밤바의 계곡, 색채도 선명한 노랑, 보라, 흰색의 꽃들이 연녹색의 초원에 무리를 지어 이어지는 원색의 파노라마는 남미여행 길에서 즐길 수 있는 가장 아름다운 천연미의 백미가 아닐까.

2.

내 삶의 마무리

송암관을 옮기고

드디어 서고의 이동을 단행했다. 내 삶의 마무리가 이루어진 셈이다.

몇 해 전에 연라동의 농장을 개발할 때는 그 자리에 내 노후를 보낼 수 있는 시설을 세워보려고 했다.

뙤약볕에 쉴 수 있는 나무 한 그루 없이 베어내고 보니 쉼터가 필요해, 제일 먼저 바위 동산의 중턱에 정자부터 세웠다. 한경우 목수와 송암의 합작품이라 송암정(松巖亭)이란 현판을 내어걸었다.

아늑하고 양지발라 요양원을 지어놓고 부속 시설로 송암관을 지으려는 꿈이었다. 성급하게 비닐하우스 안에 서고를 마련하고 서울에 있는 책을 전부 옮겼다. 송암관(松巖館)의 현판을 내어걸었다. 그 운영을 딸에게 맡기기로 하고, 딸은 사회복지사 자격부터 따기로 했다. 다행히 딸도 공감하여 사회복지학과에 진학을 하여 노력을 하고 있다.

그런데 사회 분위기와 정부정책이 바뀌어가니 그 꿈을 접는 수밖에 없지 않은가. 요양원 건립도 송암관 건립도 포기하게 되었다. 망백의 길에 들어서니 마음이 조급해진다. 송암관 건립을 포기하니 모아놓은 서적과 비품부터 서울로 옮겨오기로 했다. 그 작업을 한 사장과 장남이 협력해서 어제 완료했다.

마음이 홀가분하다. 서울의 송암관 정리는 막내아들의 몫이 되었다.

농장에 세워놓은 송암정은 기념물로 영원히 남겨서, 들르는 사람들의 쉼터로 활용하면 좋겠다.

흩어진 책 한데 모아 새 방을 꾸미고
친구들 자주 모여 깊은 정 나누려니
더 없는 삶의 기쁨을 모두 함께 즐기네
-「한 곳에 긁어모아」

송암문학관을 열며

나는 한 달에 한 번씩은 인사동엘 간다. 140번 버스를 종로2가에서 내리면 탑골공원 정문 오른편에 '송해의 길'이이란 현판이 걸린 큰 문이 나를 반겨준다. 막자골목을 따라, 가다 쉬고 가다 쉬기를 네 번 하다 보면 끝에서 빙그레 웃는 송해의 흉상을 만난다. 방방곡곡 전국을 누비며 즐거움을 베풀어 대중의 가슴 속에 깊숙이 자리 잡은 그 영감이 부럽기만 하다.

나는 열심히 산다고 발버둥 쳤지만 남길 것이 없지 않은가. 시비나 문학비라도 세워줄 사람이 있겠나. 생각 끝에 나 혼자 할 수 있는 것을 남기자고 회고록 『송암문학관』을 발간했다. 그러나 평생 모은 서적이나 작품들을 모아 남겨놓을 장소는 아니지 않은가. 자그만 서고라도 마련하기로 했다.

장남이 개발한 '연라동'의 표고농장이라도 활용하기로 했다. 비닐하우스 속에 임시로 서고를 만들고 서울에 있는 책들을 옮겼다. 여주자영 농고에 '여일회관'을 지어주고 옆에다 문학관을 붙이는 방안, 농장 위의 종중묘역에 사당을 지어주고 문학관을 덧붙이는 방안, 아니면 농장 한 편에 요양원을 짓고 문학관을 덧붙이는 방안을 구상해보았다. 그러나 어느 것도 쉬운 일이 아니지 않은가.

도리 없이 서울에다 넓은 지하 공간을 마련하고 다시 농장에 있는 소장품을 옮겨왔다. 책장을 새로 주문하고, 회고록 『송암문학관』의 표지에 내가 쓴 제자와 낙관을 갖고 가서 액자를 만들어달라고 '지운당' 표구사에 맡겼다.

드디어 간판을 내어걸고 정돈을 하고나니 내 삶의 마무리 중에 제일 큰일을 한 셈이다. 마음이 홀가분하다. 남은 일은 자식들의 몫이다. 나의 꿈을 공감하고 소중히 여겨 오래 오래 보존해주기를 바랄뿐이다. 자식들부터 문학에 관심을 갖고 잘 관리하며, 문인들의 문학 활동에 유용하게 기여해주었으면 하는 것이 망백의 나그네가 남기는 간절한 바람이다.

구급차에 실려

나는 건강 상태는 좋은 편이다. 몸 관리를 잘해왔다. 다만 변비 문제는 시원히 해결하지 못하고 있다. 마침내 일이 터져 새벽 3시에 응급실로 실려 가는 변을 당하고 말았다. 2024. 9. 27 새벽 3시에, 충격이다.

8일쯤 먹기만 하고 배설을 못하니 견딜 수가 없지 않은가. 집에서 스스로 해결하려고 관장 약물도 넣어 보며 손가락으로 후벼도 보며 몸부림쳤지만 소용이 없다. 잘 먹고 잘 싸는 것이 건강의 요체요 행복의 조건이라는 속설이 실감이 난다.

응급실에는 담당 의사 한 사람이 수고를 하고 있다. 의료 대란으로 병원마다 의사가 파업에 동참하고 있으니, 그 피해는 환자에게 돌아갈 수밖에 없지 않은가.

의료 관련 단체들이 마음을 비우고 협상하여 하루라도 빨리 본연의 상태로 돌아가야 하지 않겠는가. 좁은 응급실에는 차례를 기다리는 환자가 5, 6명이나 되니, 배는 터질듯이 아픈데 도리 없이 참아야 했다.

간호사가 방광으로 관을 넣어 소변을 빼내주니 살 것 같았지만, 장갑 낀 손가락으로 직장을 휘저어대니 비명이 절로 나온다. 입원실로 옮겨다 놓고 간병인을 붙여준다. 주사기를 손등에 꽂아 움직일 수가 없으니, 관장한 약물과 핏물, 오물찌꺼기와 소변이 때 없이 흘러나와 기저귀에 싸는 수밖에 없다. 신음 소리를 들어가며 곁에서 밤을 새우며 뒤처리를 해주는 김 여사에게는 미안하고 고맙기 그지없다. 요양원의 환자들 신세를 미리 체험해 본다. 몸을 가누지 못 하니 영아시절의 느낌을 상상하며 삶의 종말을 체험해본다. 죽음의 문턱까지 갔다 온 셈이다.

언제 무슨 일을 당할지 모르니 망백의 나그네는 마음이 조급해질 수밖에. 퇴원 후 여주 농장의 서고를 서울로 옮겨와 '송암문학관'이라도 정리하고 삶의 마무리를 서두르기로 했다.

영광의 지팡이를 짚으며

나는 지팡이를 좋아한다. 아버지가 산에 있는 진달래나무를 잘라다 손수 만든 지팡이를 잊지 못한다. 아버지가 돌아가신 후 그 지팡이를 찾으니 어머니가 고인의 물품이라고 불 태웠다 하지 않는가. 나는 그때의 아쉬움과 실망감을 잊을 수가 없다.

그 후 나는 지팡이를 모으기 시작했다. 내가 쓰다 남겨두고 가면 4남매들이 나누어 갖고, 사용하면서 나의 체온을 느끼기를 바라면서. 국내외 여행지에서 특이한 지팡이를 보면 반드시 사들고 왔다. 그러다 보니 현관 벽에 붙여놓은 지팡이걸이에는 더 걸 수가 없어서 지팡이꽂이 항아리를 놓고 이용한다.

나의 수집 취미를 아는 동창생 동천(東泉)은 청려장

을 세 개나 만들어주었다. 그중 하나에는 손잡이에 '海巖'이라고 호까지 써 붙여서 짚을 때마다 동천의 마음씨와 재주를 떠올린다.

그런데 최근에 고맙게도 6·25참전유공자회에서 색다른 지팡이를 받았다. 문득 옛날 고을의 원님이 100수를 맞은 장수 노인에게 청려장을 하사하며 축하를 했다는 이야기가 떠오른다. 100수를 맞는 노인이 몇이나 될 것이며, 지팡이 짚고 걸을 수나 있을까. 차라리 고희나 미수를 맞는 노인에게 하사해서, 열심히 걸어 건강을 챙기고 항상 지팡이를 짚어 안전을 도모하게 하는 것이 더 바람직하지 않았을까 하는 생각도 든다. 이번에 망백의 참전영웅들에게 지팡이를 선물한 것은 참신한 착상으로 참으로 고맙고 자랑스럽다.

반짝이는 쇠 지팡이에는 이름표까지 붙였고, 이름뿐만 아니라 생년월일, 혈액형까지 박혀있다. "爲國獻身, 대한민국 국민은 참전 유공자 여러분의 희생과 헌신 영원히 기억하겠습니다!"라는 감사 문구가 새삼 가슴을 설레게 한다. 이 지팡이가 닳도록 쉬지 않고 부지런히 걸어서 나의 건강을 유지하는 것만이 내가 할 수 있는 위국헌신의 길이요, 보은의 방편이란 다짐을 해본다.

영광의 지팡이

지팡이 하사받은 망백의 참전영웅
매달린 이름표엔 혈액형도 색이었고
고맙다 희생과 헌신 잊을 수 없다 하네

구미동어린이공원

오늘도 스포타임에서 수중걷기 30분을 마치고 4시 30분에 출발한다. 구미동에 있는 명품 공원을 향해서. 5시 10분 쯤 도착하면, 딸의 퇴근을 기다리며 쉬는 30분을 공원의 벤치에 벌렁 누어서 편안한 시간을 즐긴다.

우리 집 주변에는 방아다리공원, 횃불어린이공원, 시민의 숲 공원이 있다. 망백의 나그네는 때 없이 드나들며 외롭고 지루함을 달랜다. 그러나 내가 '꽃동네'라고 자랑하면서 소개한 서울의 공원보다는 구미동의 작은 '구미동어린이공원'이 더 쾌적한 명품 공원이 아닌가.

구미동 요양원 앞 골목길에 붙어 있고, 몇 발작만

옮기면 4각 지붕의 운치 있는 정자가 기다리고 있으니 접근성이 최고다.

3면의 추녀 아래는 긴 나무 벤치가 있다. 서울 공원의 벤치는 양쪽 끝에 쇠 팔 거리가 있어 보기는 좋으나 중간에 쇠로 막아 앉을 수만 있지 홀로 누어 허리를 펼 수는 없다. 그러나 구미동어린이공원은 중간 막이가 없어 홀로 누워 쉴 수도 있으니 편리성에서 점수를 딴다. 그뿐인가, 추녀 바로 밑에까지 싱싱한 침엽수 잎이 뻗어왔고, 밖으로는 활엽수 잎이 하늘을 가린다. 마치 창문 밖에 숲이 우거진 것 같은 착각을 하게하니 쾌적성도 최고다. 또 무더운 여름 날씨임에도 시원한 바람이 스쳐간다. 주위가 산으로 둘러있으니, 빌딩 사이로 불어오는 서울의 골바람과는 질적으로 다르다. 겨드랑에 스며드는 그 살랑 바람의 맛을 나는 잊을 수가 없다.

숲 속에 차려놓은 네모 정자 한적한데
추녀 밑 푸른 잎들 커튼인양 드리워
산바람 스쳐가면서 잘 자라 소곤대네

- 「구미동어린이공원에서」

30분쯤 쉬고 있으면, 착한 딸이 찾아와 손잡고 일으켜 준다. 요양원에서 하는 봉사 활동을 마치고 퇴근한 것이다. 사회복지사 자격을 얻으려고, 온종일 노인 환자들 시중을 들며 실습을 하는 중이다. 그 힘겨운 일을 마치고, 차 잡기도 쉽지 않은데 퇴근길이라도 도와주자고 나는 매일 구미동어린이고원에 와서 기다린다. 가장 즐겁고 보람을 느끼는 일과다. 이 즐거움을 나누는 것도 1주일 후면 끝내야 한다니 시원하기도 하려니와 한편 아쉬움마저 남는다.

능소화를 바라보며

나는 우리 동네를 가장 아름답고 살기 편한 '꽃동네'라고 자랑한다. 봄바람이 불어오면 방아다리근린공원이나 빌라 단지의 담장 안에는 봄꽃들이 이어서 피워댄다. 꽃잎이 떨어지고 연둣빛 새싹과 잎이 피어나나 하면 어느 결에 짙은 초록으로 물들이고 여름의 활기를 내뿜어댄다. 이팝나무 가로수가 흰색의 꽃잎으로 뒤덮일 무렵이면 우리 꽃동네에는 배롱나무와 능소화가 내 마음을 들뜨게 한다.

능소화(凌霄花)는 '담쟁이덩굴'처럼 벽을 타올라 가는 기술이 탁월하다. 다른 물체를 감고 오르는 등나무를 닮았고 황금빛 꽃을 피움에 금등화(金藤花)라 불리기도 한다. 옛날 중국에서 우리나라에 처음 들어왔을 땐 그 아름다움이 남달라 양반집에서만 이 꽃을 심을 수 있게 하였기에 '양반꽃'이라 불렸다고도 한다.

우리 집 대문 옆에는 굵은 능소화가 한 그루 심겨 있다. 올해도 봄꽃이 자취를 감추니 어김없이 주황색의 화사한 꽃을 피워댄다. 헤아릴 수 없이 많은 꽃송이가 담장 너머로 주렁주렁 매달려 황홀할 지경이다. 먼저 핀 꽃잎이 떨어지면 다른 마디에서 새 꽃을 피워낸다.

능소화가 필 무렵이면 배롱나무도 따라 핀다. 우리 집 뜰에는 배롱나무도 한 그루 심었는데 능소화와 경쟁이라도 하려는 듯 붉은 꽃떨기를 흔들어댄다. 그러나 능소화는 한 그루라도 좋지만, 배롱나무는 길가에서 줄지어 피어야 장관이다. 문득 울진의 배롱나무 꽃길이 떠오른다.

배롱나무는 홀로 서 있을 때보다 특히 무리지어 있어야 그 꽃이 사뭇 황홀하다. 배롱나무 꽃길에 나보다 더 홀린 상남 시백을 따라 뜨거운 여름이면 남녘으로 나들이에 나선다. 울진의 덕구리 고개를 넘으면 배롱나무들이 수십 리 긴 줄을 지어 도열한 꽃대궐을 만난다. '야트막한 키에 우산살같이 가지를 뻗어 붉은 꽃떨기를 잔뜩 달고, 스치는 바람결에 간질이지 않아도 바르르 떤다. 온 천지를 붉게 물들일 듯 타오르는 '지심(地心)의 불길'을 나는 달린다.

– 졸저 「배롱나무 사랑」에서

능소화의 꽃말이 궁금해서 찾아보다 '명예'라는 것을 알아내기는 했는데, 곁들여 올라온 가련한 전설이 가슴 아프다. 어차피 전해오는 이야기라니 믿거나 말거나지만.

먼 옛날 궁궐 안에 들어온 '소화'라는 궁녀가 있었다. 어느 날 그녀의 발그레한 볼과 얌전한 자태가 임금님의 눈에 띄어 하룻밤의 성은을 입고서 빈이란 자리에 오르게 되었고, 궁궐 한편에 처소도 마련하게 되었다. 그러나 다른 빈들의 이간질로 왕은 소화의 처소에 발길을 끊게 되었다. 이런 사실을 알 리 없는 소화는 임금님 오시기만을 목 빠지게 기다리며 하루하루 시간을 보냈다. 혹시나 임금님이 자기 처소에 가까이 오시지나 않을까? 그 발자국 소리라도 들리지 않을까? 소화는 처소 주위를 서성이며, 수시로 담장 밖을 살피게 되었다.

한 달 두 달… 일 년 이 년… 임 향한 일편단심에 무심한 세월은 흘러만 갔고. 기다림에 지친 소화는 결국 두 번 다시 임금님을 뵙지 못하고 시름시름 앓다가, 어느 무더운 여름날 눈을 감게 되었다. "저를 처소 담장 아래에 묻어주세요. 죽어서라도 임금님을 기다리겠습니다."라고 시녀들에게 유언을 남기고.

그렇게 담장 밑에 묻힌 소화는 이듬해 여름, 환생이라도 한 듯 덩굴을 뻗어 담장 너머로 아름다운 꽃을 피워 '능소화'가 되었다고 한다.

능소화의 전설은 가련하고 가슴 아픈 사연이지만, 우리 집 능소화는 밝은 표정에 기쁨뿐이다. 담장 안에서 밖을 내다보며 주인이 무사히 돌아오길 기다리다 환하게 웃으며 반겨준다.

나는 '파크빌라 능소화'에 새로운 꽃말을 지어주고 싶다. '환영'이라고.

가을바람이 불어오니 꽃들은 자취를 감췄다. 나는 담장 안의 능소화를 바라보며 내년의 염천을 손꼽아 기다려본다.

빈이 된 궁녀가 시샘으로 쫓겨나니
그리운 임 못 잊어 담장 타고 기어올라
꽃잎은 화려하여도 속절없는 명예뿐

삼복의 열기 속에 지쳐서 늘어져도
돌담엔 화사한 꽃 주렁주렁 매달려
반기는 소화의 자태 잊을 수가 없어라

－「능소화 사랑」

3.

마음을 비우려

나도 명예구호대원

참으로 잔인한 2월이다. 강추위가 계속되는 판에 튀르키예에 대 지진마저 터졌으니. 일본의 관동 대 지진 때보다도 더 강력하다는 뉴스가 가슴을 아프게 한다. 우리나라도 군 장병과 119대원 등 총 118명으로 구성된 긴급구호대(KDRT)를 급파했다.

돌이켜보면 튀르키예는 6·25 때 미국, 영국에 이어 1만 4,936명이라는 세 번째로 많은 병력을 파병하였고, 미국에 이어 두 번째로 많은 721명 전사에 2,147명이 부상했다고 한다. 역으로 이번에는 형제의 나라인 튀르키예에 참변이 일어났으니, 구호의 손길을 보내는 것은 너무도 당연하다.

외교부의 발표에 의하면, 한국의 긴급구호대가 2월

9일 하타이주 안타카이에서 무너진 건물 속에 갇혀 있던 두 살 여자아이를 구출했고, 여자아이의 아빠와 30대 여성, 70대 남성 등 8명을 구출했다고 한다. 헌신적으로 수색과 구출활동을 하는 것을 보고 현지 이재민들이 "코리아아 최고!"라고 환성을 올렸다는 기사를 보니 나도 솟아나는 자긍심을 느낀다.

그런데 매몰된 생존자를 구출하는 것도 급하지만, 지상에 살아남아 갈 곳 없이 굶주리고 있는 주민들의 구호활동도 시급한 일이 아닌가.

태극의 깃발 날리며 달려간 구조대원
묻힌 아이 끌어내고 다친 사람 고치니
놀랍다 기적의 생환 온 세상을 달구네

최악의 재난 속에 쑥밭이 된 형제 나라
엄동에 오돌오돌 먹고 입지 못 하거니
아쉽다 구원의 손길 한 시가 급하구나

-「긴급구호대」

때마침 문학시대시회 동인들의 채팅방에 희소식이 떴다. 이양자 명예교수의 상세한 메시지를 훑어보니 가슴이 뭉클해진다.

댁에 잘 입지 않는, 혹은 버릴까 말까 망설이던 계륵같은 겨울 의류를 모아서 아래 주소로 보내주시면, 먹을 것, 입을 것, 잘 곳 없어 추위와 배고픔에 떨고 있는 현지 주민들에게 아주 유용하게 쓰일 수 있다고 합니다.

보내주신 물품들은 터키항공을 통해 튀르키예로 무료로 운송한다고 하오니 다소 번거롭더라도 꼭 좀 도와주실 것을 간곡히 요청 드립니다.

보내주시면 감사할 물품들은 다음과 같습니다.

*겨울의류

코트, 자켓, 레인코트, 우비, 부츠, 점퍼, 바지, 장갑, 스카프, 모자, 양말, 속옷, 내의 등

*기타 품목

텐트, 텐트용 매트리스, 담요, 침낭, 보온병, 손전등, 식품(통조림 등) 유아식, 기저귀, 세척 및 위생물품, 생리대

- 박스 포장 후 반드시 박스 표면에 물품의 종류와 'Aid Material / Turkiye'라고 크게 기재하고 꼭 선불로 택배비 지불하고(!!!) 보내셔야 합니다.

- 보내실 곳: 이글종합물류

22379 인천시 중구 자유무역로107번길 20, 304-○○○호 박○○ 전무 (010 8146 ○○○○)

6·25참전유공자라고 자부하면서 나도 튀르키예 구호활동에 앞장서야 하겠다는 생각에 잠이 안 온다. 나는 자칭 '명예구호대원'이 되자.

즉시 옷장을 열고 겨울옷과 장갑, 방한모, 양말 등을 골라냈다. 내년에 나는 무엇을 입나 하는 생각도 든다. 그러나 나는 망백의 산마루에 오른 겨울 나그네가 아닌가 생각하니 마음이 홀가분해지기도 한다. 주섬주섬 쌓아 놓은 옷가지를 큰 상자에 차곡차곡 꾸겨 넣으니 두 상자가 된다.

튀르키예의 현지 사정을 생각하면 한 시간이 급하나 어쩌랴. 오늘이 토요일이니 월요일 아침 일찍 우송하자.

추위와 잔혜 속에 지쳐버린 난민들
입을 것 먹거리를 보내주는 천사들
나도야 옷가지 보내 내 마음을 달래리
- 「명예구호대원」

며칠 후 6·25참전유공자회 서초지회 내의 친목단체인 호락회 모임에 나가니, 튀르키예 구호활동에 보탬이 되도록 성금을 모으자고 한다. 모두들 즉석에서

5만원씩을 내어놓았다. 참전유공자로서의 성금이니 기쁘고 흐뭇하다. 희망을 잃지 말고 재난의 극복에 힘을 내라고 멀리서 성원을 보낸다.

6 · 25 호국영웅

하늘도 애도하는지 장맛비가 부슬부슬 내린다. 무거운 다리를 끌고 나갈 수도 없으니 나는 집에서 조사를 써보며 6 · 25의 전쟁영웅을 떠나보내기로 한다.

참담했던 6 · 25 당시를 회상하면 울분이 터져 나온다. 소련제 탱크를 앞세워 밀고 내려온 인민군 앞에서 저항도 못해보고 3일 만에 서울을 내어주었다. 그리고 파죽지세로 전 국토를 점령하고 대구와 부산만이 남았으니 낙동강은 최후의 방어선이었다. 여기서 밀리면 대한민국은 없어질 위기상황이다. 그때 대구를 지켜낸 결전장이 '다부동' 전투이고, 그 싸움을 승리로 이끈 전쟁영웅이 바로 백선엽 장군이다.

공포에 질린 병사들을 향해 "우리가 밀리면 미군도

철수한다. 내가 후퇴하면 너희가 나를 쏴라"며 앞장서서 돌격했다. 그는 병력 8000명으로 인민군 2만여 명의 총공세를 한 달 이상 막아내며 전세를 뒤집는 기적을 일궈낸 전설적 맹장이다.

백 장군은 인천상륙작전이 성공하자 미군보다 먼저 평양에 입성했다. 그러나 중공군의 개입으로 다시 서울을 내어주고 1·4후퇴를 했다. 그 다음해 다시 서울을 탈환할 때도 최선봉에 섰다.

1·4 후퇴 때 나는 중학생의 몸으로 징집을 당해 국민방위사관학교를 갔고, 우여곡절 끝에 6·25참전 유공자가 되었다. 계급은 육군 2등병이니, 최초 최고의 4성장군은 내게는 하늘과 같은 존재요, 평생 잊을 수 없는 은인이시다.

그 위대한 별이 100수를 누리고 말없이 대전현충원으로 떠나간다. 장군이여! 편히 잠드소서.

호국영웅의 명복을 빌며

대구 북녘 육십 리 마지막 결전장*에
앞장서며 던진 말 "물러서면 나를 쏴라"
장하다 육이오 영웅 나라를 구했느니

어수선한 나라꼴 걱정하며 가신 님
몸 던졌던 우국충정 받들 사람 누군가
역사는 밝혀 주리니 평안히 잠드소서

*대구 북방 26킬로의 전략적 요충지 다부동의 전투

흐르는 물같이

그 누가 춘래불사춘(春來不似春)이라 했던가. 잔인한 사월이었다. 화사한 봄꽃은 만발했건만 '집콕' 신세가 되어 답답한 나날을 보내야 했으니, 그 누구도 처음 겪는 시련을 감내하기가 힘겨웠다. 예측을 할 수 없는 코로나19의 재난 속에서 나라의 운명이 걸려 있는 4·15선거까지 치러야 했다. 막말과 실언 속에 희비가 엇갈리는 투표 결과를 보면서, 6·25전화 속에서 나라를 지키고 기적 같은 오늘의 풍요를 일궈낸 70년간의 근대사를 되돌아보자니 문득 상선약수(上善若水) 네 글자가 떠오른다.

고대 중국의 위대한 철학자 노자의 도덕경에서 나오는 말이다. 최상의 선은 물과 같다고 했다. 본래 도덕경은 제왕학으로 출발하여 통치의 요결(要訣)을 제시한 것이니, 오늘의 위정자들은 물론 귀담아 들어야 할 것이고, 우리 모두가 그 제안을 겸허히 되새겨보아야 할 것이다.

노자는 물의 덕목으로, 바위도 뚫는 물방울의 끈기와 인내(忍耐), 흐르고 흘러 바다를 이루는 대의(大義), 어떤 그릇에나 담기는 융통성(融通性), 구정물도 받아주는 포용력(包容力), 막히면 돌아갈 줄 아는 지혜(智慧), 낮은 곳을 찾아 흐르는 겸손(謙遜) 여섯 개를 들었다.

나도 해암의 「유수육덕가(流水六德歌)」를 지어본다.

1곡 서곡
온갖 잡것 고루 품고 구정물 걸러내어
산 것에 생기 주고 거친돌 다듬으며
낮은 곳 찾아 흐르니 큰 물골 이루누나

2곡 인내(忍耐)
가녀린 모습으로 몸 던지는 물방울
말 잃고 힘들어도 바위를 뚫는구나
참으며 멈춤 없으니 못할 바가 없어라

3곡 대의(大義)
방울방울 모인 물 골짝으로 흘러들고

물줄기 가늘어도 뭉치고 모아놓아
깊은 뜻 변함이 없어 큰 바다 이루누나

4곡 융통성(融通性)
고여서 넘쳐나도 그 마음 부드러워
네모진 상자이건 둥그런 항아리든
어디고 내 집 같으니 머물 곳 걱정 없네

5곡 포용력(包容力)
옹달샘 맑은 물도 가는 길은 험난하니
흙탕물을 만나도 꺼림 없이 섞어가며
온갖 것 고루 품어서 분별할 줄 몰라라

6곡 지혜(智慧)
벽 만나면 넘치고 막는 바위 멀리 돌며
틈새 찾아 빠져가니 겨룸 없이 흐르지
힘으로 막으려 해도 피해가는 그 슬기

7곡 겸손(謙遜)
하늘 높이 노닐다가 땅으로 내려오고
높은 산 깊은 골짝 몸 낮춰 흐르거니
만물을 이롭게 한 공 다툴 줄을 몰라라

여섯 개의 덕목에서 어느 것 하나 소홀히 할 수 있을까마는, 그래도 겸손이란 덕목이 더 마음에 와 닿는다.

물은 오만할 줄 모르고 항상 몸을 낮춰 험로라도 낮은 곳으로 흘러간다. 뿐만 아니라 세상의 모든 생물에게 생기를 주고 이롭게 하지만 결코 그 공을 가지고 다투지를 않는다. 수선리만물이불쟁(水善利萬物而不爭)이라 했다.

흐르는 물같이 살라 했으니 마음은 옳다고 쉽게 받아들이나 몸이 그것을 실행하기는 참으로 어렵지 않은가. 내가 숨차게 달려온 굴곡의 길을 회상해 보면 참으로 부끄럽기 이를 데 없다. 나는 겸손하지 못하고 남의 불손은 탓하려 드니 참으로 허약한 존재로다. 흐르는 물같이 살아가려고 하련만.

어쩌자고 맥아더 동상을

나는 대통령으로부터 받은 국민훈장 석류장보다도 소중히 여기는 증명서를 하나 갖고 있다. 국가보훈처장이 발급한 '참전유공자증'이 그것이다. 6·25사변이란 아픈 역사의 소산물이기도 하니, 이제는 그 소유자의 수도 몇 명 남지 않았고 나날이 줄어들게 마련이다. 매달 꼬박꼬박 7만 원이 통장에 입금되니, 어찌 생각하면 미안한 감도 드나, 나도 국가 유공자의 대열에 끼어 있구나 생각되어 더없이 자랑스럽기만 하다.

6·25사변이 나던 해 나는 중학생(당시는 중학 6년제)이었다. 일요일 새벽을 기해서 소련제 탱크를 앞세우고 남침을 감행한 북의 인민군을 소총으로 무장한 국군으로서는 막을 길이 없었다. 파죽지세로 밀고 내려

와서, 대구와 부산만이 남아 있었던 위기상황에, 상상도 못했던 맥아더의 인천상륙작전이 성공하여 허를 찔린 인민군은 패퇴하고 다시 서울이 수복되었다. 그런지 얼마 지나지 않아 뜻하지 않았던 중공군의 개입으로 다시 1·4후퇴를 하게 되고, 18세의 나도 징집을 당하게 되었다.

장호원, 문경새재를 거쳐 경산까지 천 리 길을 걸어서 후퇴를 했다. 매일 수백 명의 남행 대열이 줄을 이으니, 도로변 주민들은 당할 도리가 없었을 것이다. 한 덩어리 주먹밥에 부엌과 헛간에서 새우잠을 자면서도 대열에서 낙오되면 어찌하나 걱정이 되어, 부르터서 엉망이 된 발로 절뚝절뚝 기를 쓰고 따라가던 기억이 지금도 생생하다.

10여 일 굶주리다 보니 장교가 되면 밥이라도 배불리 얻어먹을 것 같은 단순한 계산에서 국민방위군사관학교에 자원하여 입교하였다. 전시라 대구의 어느 방직공장에서 1개월여의 군사교육을 마치고 바로 방위군 소위로 임관되었다. 창녕에 주둔했던 제37교육대로 곧 배속을 받았다. 당시 현역 소위로 차출된 동료들은 대부분 청춘의 꿈을 펼쳐보지도 못하고 전장의 이슬로

사라졌다. 그날의 가슴 아픈 참상을 어찌 필설로 옮길 수 있겠는가?

16개국 자유우방의 젊은이들이 목숨을 바쳐 싸워주지 않았더라면, 노르망디 상륙작전보다도 빛나는 맥아더의 인천상륙작전이 감행되지 않았더라면, 대구와 부산의 함락은 시간문제요, 인민군에 의한 공산화 통일이 이루어졌을 것이다. 그렇게 되었더라면 오늘의 대한민국은 있을 수 없을 것이고, 나도 틀림없이 오래전에 저세상 사람이 되었을 것이다.

김일성을 맹신하고 받드는 무리들의 입장에서 보면, 적화통일이 일보 직전에 좌절되었으니 참으로 원통하기 이를 데 없고, 맥아더는 철천지원수로 보일 것이다. 그러나 자유를 찾은 우리는 역사적인 인천상륙작전을 기리기 위해 인천이 한눈에 내려다보이는 자유공원(응봉산)에다 1957년 10월 3일, 맥아더 동상을 건립했다. 그 동상은 자유의 상징이요, 승리의 기념탑이다. 찾는 이의 가슴 속에 그날의 감회를 되살려 주고 숱한 역사의 애환을 이야기해 준다. 세월이 흐를수록 그 늠름한 모습은 자유인의 마음속에 역사의 증인으로 굳게 자리 잡을 것이다.

그런데 반세기가 지난 지금에 와서 해괴망측한 일이 백주에 자행되고 있으니 이 어찌된 일일까. 일부 시민단체들이 자유공원에서 '미군강점 60년 청산 주한미군 철수 국민대회'를 개최하고 맥아더 동상의 강제 철거를 시도했다는 글이 나오고, 동상 철거를 강행하려는 운동자들의 죽창에 의해 경찰이 실명을 하게 되었다는 가슴 아픈 뉴스가 보도되니, 어쩌다가 세상이 이렇게까지 변했단 말인가. 맥아더가 '분단과 대학살의 원흉'이요, 6·25남침이 '통일전쟁'이라고 공공연히 외쳐대는 사회 분위기가 웬일인가.

만약에 맥아더 동상이 철거된다면, 다음 운동으로는 판문점의 '자유의 다리'를 비롯해서 곳곳에 세워진 전적비나 참전비, 유엔묘지, 국군묘지, 트루먼 동상 등 많은 6·25의 흔적은 반동의 잔재라고 깨끗이 청소를 하려들 것이 아닌가. 영국인 참전용사 스콧 베인브리지는 유언을 남겨서 그의 유골을 파주 야산에 뿌렸다고도 하는데, 6·25를 겪어 보지도 못한 사람들이, 우리가 목숨 걸고 사수한 이 땅에서 무슨 짓들을 하려는 것인지 통탄스럽기만 하다.

맥아더 동상을 생각하면 알렉산드르 2세의 동상이

떠오른다. 언젠가 핀란드의 헬싱키를 들렀을 때 그 중심가에 우뚝 솟은 헬싱키 대성당을 찾아간 적이 있었다. 이 성당은 루터파 교회의 총본산으로서, 흰색 건물에 푸른색 돔(dome)과 하얀 주랑(柱廊)이 조화를 잘 이루는데, 쾌청한 날에는 한층 더 산뜻하게 빛난다. 대성당의 계단 앞에는 항상 많은 인파가 붐비는 정사각형의 원로원광장이 있다.

그 광장의 중앙에는 놀랍게도 증오의 대상이 되었어야 할 러시아의 황제 알렉산드르 2세의 동상이 위세도 당당하게 지금까지도 서 있지 않은가! 핀란드는 과거 백여 년에 걸친 러시아의 지배를 받았으니 숱한 원한과 고난의 역사가 얼룩져 있었겠지만, 핀란드의 국민들은 과거사를 청산하기에 앞서 수용해 버렸고, 되지도 않을 자주국방론은 접어두고 중립외교정책으로 냉전의 틈바귀에서 자신들의 정체성을 보존하며 힘을 길러온 것이다. 소련이 와해되자 종래의 중립 노선을 바꾸어 친 서방정책으로 선회하였고, 1995년부터 EU의 정식 회원국이 되었다.

현명한 핀란드 국민들의 실용주의적인 사고가 러시아 황제의 동상을 끌어 내리기는커녕 관광자원으로 요긴하게 활용하는 것이나 아닌지 생각해 보았다. 그래서 핀란드는 러시아보다 작고도 부한 나라가 되었나 보다.

맥아더 동상을 철거하겠다고 아우성치는 꼴을 보다 못해서, 미국의 국회의원들이 동상을 미국으로 가져가겠다는 정중한 편지를 보내왔다니, 이 얼마나 민망스러운 일이고 얼마나 심각한 상황인가. 강산이 변해도 다섯 번을 변했는데, 반세기 전으로 시침을 되돌려놓고, 그것도 남침을 감행한 자들의 잣대로 이 땅의 사물을 재려고 한다면 그것은 과거의 청산도 집착도 아니다. 그 망동을 용인할 자유가 이 세상 어디에 있단 말인가.

반만년의 역사가 찬란하다고 자랑한다지만, 남겨진 것이 별로 없으니 보여줄 것이 없는 나라다. 외세에 의해서 불타고 빼앗긴 것도 한스럽고 원통한데, 내부의 갈등으로 스스로 파괴하고 말살한대서야 남을 것이 있겠는가. 홍위병의 난동이나 진시황의 분서갱유(焚書坑儒)를 이웃 나라의 역사 이야기만으로 흘려버릴 수는 없지 않은가. 성급한 한풀이는 접어두고, 역사적 유적이나 유물의 불모지나 다름없는 이 땅에 역사의 이야깃거리를 남겨두기로 하자. 그리고 그 평가 작업일랑 다음 세대에 맡겨두는 것이 어떨지, 눈을 감고 곰곰이 생각해 본다.

숲동네

- 우리 동네 이야기 · 2

지난봄에 온갖 봄꽃이 다투어 피고 지며 황홀경을 연출하는 우리 동네를 '꽃동네'라고 자랑을 늘어놓았다. 그러나 봄꽃들이 자취를 감춰도 우리 동네에는 또 다른 자랑거리가 있다. 그동안 나는 빌라 단지를 감싸주는 우면산 자락을 오르내리기를 즐겼지만, 이제는 쌍지팡이 신세가 되었으니 오를 수가 없다. 그렇지만 걱정이 없다. 가까이에 평평한 숲이 있으니 발걸음을 남쪽으로 돌리면 되기 때문이다.

양재역에서 신분당선을 타면 다음 정거장이 '양재시민의 숲' 역이 아닌가. 내려서 밖으로 나오면 바로 넓디넓은 숲이다. 나는 시간이 날 때면 양재천 둑방을 즐겨 걷지만 흥이 나면 다리를 건너게 된다. 다리 밑의 맑은 물속에는 팔뚝만 한 잉어 떼들이 몰려들어 노니니 참으로 장관이다. 개천을 건너 남쪽 둑방을 타고 넘으면 바로 푸른 숲이 펼쳐진다.

번화한 주택가에 이렇게 넓은 숲이 조성돼 있는 환경을 어디서 또 찾아볼 수 있을까. 양재시민의 숲이야말로 서초구의 보물이요 자랑이 아닌가. 다만 아쉬움이 있다면 그 이름이다. '양재숲'이라고 지었더라면 더 좋았을 것을….

'양재숲'에는 녹음만 무성한 게 아니다. 넓은 공원 안에는 정구장 농구장 배드민턴장을 비롯해 야외결혼식장 공연장 등도 있어, 시민들에게 훌륭한 녹색 휴식 공간을 제공하고 있다. 특히 맨발공원에는 맨발로 걸어 지압을 받을 수 있도록 자갈을 깔아 놓은 지압보도가 눈에 띈다. 그뿐만 아니라 더 자랑스러운 것은 독립운동가인 윤봉길(尹奉吉) 의사의 발자취와 유물을 볼 수 있는 매헌기념관(梅軒記念館)이 있다는 것이다. 언제나 나무 그늘을 즐기러 오기보다 윤 의사를 만나러 오는 사람들로 붐빈다. 전철역에서 나오면 바로 앞에 매헌기념관이 웅장한 모습을 드러내니 찾아오기도 편하다.

윤봉길 의사는 농촌운동에 전념하다 상하이로 건너가 '한인애국단' 앞으로 선서문을 써 놓고 의거를 단행하였다.

"나는 赤誠으로써 조국의 독립과 자유를 회복하기 위하여 한인애국단의 일원이 되어 중국을 침략하는 적의 장교를 도륙하기로 맹서하나이다."

나는 그곳을 들를 때마다 젊어서 상하이관광단에 끼어들어 '홍커우공원'의 폭탄 투척 현장을 보고 가슴 뭉클했던 기억을 떠올린다.

작년 가을이다. 6·25참전유공자회에서 '양재시민의숲역'에서 모이자는 통지가 날아들었다. 매년 몇 번씩 6·25전쟁의 흔적을 찾아 전적지 탐방을 하는데, 이번에는 뜻밖에도 양재시민의 숲으로 간다니…. 혹시 매헌기념관이라도 관람하려는가 했는데, 기념관 건너편으로 좌회전을 해 숲길로 들어서지 않는가.

몇 발짝 안 가서 나는 깜짝 놀랐다. 높이 솟은 기념탑과 비석들이 여러 개 서 있다. 수없이 그 옆길을 지나다녔건만 못 보았으니 참으로 부끄럽기 이를 데 없다.

사각의 돌기둥에는 '遊擊白馬部隊忠魂塔'이라고 새겨져 있다. 유격백마부대란 KLO 8240부대를 말하는

데, 과연 요새 젊은이들 중에 이를 아는 사람이 얼마나 될까. 잊혀가는 현실이 안타깝다.

KLO(켈로)부대는 미(美)극동사령부가 조직한 북파 공작 첩보 부대인데, 유격백마부대는 6·25전쟁 당시(1950년 10월) 북진하였던 유엔 연합군이 중공군의 개입으로 철수하게 되자, 평안북도 정주군과 박천군 일대에서 치안 활동을 하던 청년들과 오산학교 학생들이 정주군 갈산면에서 조직한 특공부대이다. 군번도, 계급도 없던 부대원 2,600여 명은 변변한 지원도 없는 상황이었음에도 신미도, 압록강, 청천강 하구 등에서 북한군과 500여 회의 교전을 치르며 서북도서를 점령하는 등 혁혁한 전과를 거두었다고 한다.

그러나 그 과정에서 대원 552명이 조국의 수호신으로 산화하고 말았다. 조국을 위하여 초개같이 자신을 희생한 그들의 애국심과 충의정신을 기리기 위해 1992년 7월 15일에 충혼탑을 건립하게 되었다.

'우리는 神聖 遊擊戰士이다./ 우리는 반공전사이다./ 우리는 민족의 선봉이다./ 우리는 자유의 전사이다.'라는 유격백마부대 선서를 읽자니, 명색이 6·25 참전유공자라고 5각의 누런색 배지를 달고 다니는 나

자신이 부끄러워진다. 조국을 위해 아낌없이 목숨을 바친 순국 영령들 앞에 옷깃을 여미며 헌시를 올린다. 임들이여, 평안히 잠드소서!

몰려오는 적병 앞에 목숨 던져 대항해
놀라운 전과 올려 나라를 구했거니
거룩타 흘린 피와 땀 청사에 빛나리라

-「유격전사들의 충정」

양재숲은 수목만 우거져 좋은 숲이 아니라 국가의 중요한 문화유산을 품고 있는 성역이며, 온 국민이 찾아들어 스스로 성찰을 하고 애국의 뜻을 굳게 다짐할 수 있는 특별한 숲이라는 생각을 해 본다.

꽃동네 한복판에 푸른 숲 싱그러워
유격전사 애국지사 절하고 즐기거니
숲속에 차린 놀이터 사시사철 붐비네

-「양재숲」

4.

골라낸 시조

불타는 투혼

- 춘천대첩기념평화공원을 찾아

어린 학생 총칼 들고 적군을 에워싸
몸 바쳐 나라 지킨 승리의 기념탑*
박여진 열한 개 문자 길이길이 빛나리

*육이오참전학도병기념탑

산 사나이

- 이인정 아시아산악연맹 회장의 명예박사 학위* 영득에 부쳐

산이 좋아 한 평생
숱한 사연 남기며
불굴의 산악인
명산 찾아 태극 깃발

장하다
명예 사각모
길이길이 빛나리

계묘년 2월 3일 송암 이범찬

*한국체육대학교의 명예체육학박사

불꽃쇼

- 이수정의 생일 축하연에서

넓은 철판 달궈놓고 둘러앉은 손님들*
장단 맞춰 불꽃 날려 먹 거리 요리하니
그 솜씨* 놀랍기도 해 너도 나도 즐겼네

*' 애나의 정원(Anna's Garden) 주방장의 불꽃놀이

상남문학상

목멱산 깊은 골짝* 문우들 모여들어
신인상에 작품상*도 기쁨을 안겨주니
한 마음 시대식구들 세상을 밝혀가리

*문학의 집 산림문학관
*이범찬 시조집 『잃어버린 노래들』

노을녘의 행복

오라는 곳 갈 곳 없고 갈 수도 없거니
나 홀로 맨발 걷기 때 없이 풀밭 걷기
행복이 별 것이던가 즐기면 족한 것을

호국영웅의 명복을 빌며

대구 북녘 육십 리 마지막 결전장*에
앞장서며 던진 말 "물러서면 나를 쏴라"
장하다 육이오 영웅 나라를 구했느니

어수선한 나라꼴 걱정하며 가신 님
몸 던졌던 우국충정 받들 사람 누군가
역사는 밝혀 주리니 평안히 잠드소서

*대구 북방 26킬로의 전략적 요충지 다부동의 전투

호국의 열정

- 준회원 호국봉사단 발대식에 부쳐

6·25전쟁 영웅 나날이 사라지고
그날의 아픈 상처 세월 속에 묻혀가니
일어선 호국봉사단 나라를 지켜주리

자유 평화 찾아서 화합하고 봉사하니
선배들 호국정신 잊을 수가 있으랴
장하다 호국의 후예 나라 번영 일궈내리

시국선언문

- 자유와 정의를 실천하는 교수모임을 보며

참았던 석학들 강단에서 뛰쳐나와
자유 평화 지키려 명예를 걸었거니
미덥다 나라의 지성 세상을 깨우리니

독수리유격대 전적비

포화 속에 몸 던져 나라 지킨 독수리들
전후방 거침없이 적군(赤軍) 공비(共匪) 소탕하니
그 충정 하도 거룩해 길이길이 빛나리

관음산(觀音山) 싸움터에 우뚝 솟은 충혼탑
그리운 님 흘린 피는 갈수록 돋보이니
온 겨레 한마음 되어 새 역사를 일구리

*독수리유격대: 6・25사변 당시 포천군에서 63명의 민간인이 조직한 의병대

풀바리 별장

골짝으로 기어들면 아늑한 풀바리 뜰
큰 상 받은 안채는 비알에 상큼하고
사랑채 멋을 돋구어 흥타령 절로 솟네

고목 박힌 묵은 터에 노송들 덧세우고
황금송어 꼬리춤에 버들벚꽃 물결쳐
고봉산 깊은 물골이 선경인가 하노라

백비(白碑) 앞에서

벼슬의 한평생에 집 한 칸 못 남기고
마음마저 비우면 명예인들 소용없어
산천이 다 내 것인데 부러울 게 있으랴

임금의 깊은 속내 흰 돌에 배었거니
세상이 다 아는 일 글자 없다 못 읽을까
올곧은 선비의 기품 온 세상을 밝히네

장닭의 호소

홀아비 된 장닭은
목 놓아 울어대고
햇볕은 소리 없이
텃밭을 달구는데

처절한
저 매미소리
내 가슴을 태우네

자랑스러운 군인

두리봉 기슭에는 아늑한 보금자리
줄지은 비석마다 이슬은 차갑건만
전우의 끓다만 피는 잔디밭을 녹이네

내 나라 내 형제들 지키려 나선 그대
젊음도 불사르고 평생을 바쳤으니
거룩타 호국의 충정 자랑이 아니더냐

상남 시인의 미수잔치

가시덤불 헤집고
꽃밭으로 일궈내며
노래하기 한평생
어느덧 팔팔이라

고마움
잊을 길 없어
차려드린 잔치상

해암찬가

바닷가 솟구쳐서 거센 너울 막아내며
날아드는 갈매기 시름 잊고 쉬거니
지나는 뱃사람들에 갈 길을 밝혀주네

부지런한 그 사람

- 김광목 회장에게 드리는 노래

비가 오나 눈이 오나 사연을 띄우며
먼동이 트기 전에 아침을 열어주니
그 열정 자랑스럽네 부럽기도 하여라

영광의 혁대

참전 영웅 돋보이는 흰 모자에 흰 제복
영광의 지팡이에 혁대마저 마련하니

새겨진
'제복의 영웅'
장식을 빛내주네

작가 연보

1. 해암 이범찬 교수의 약력

학력

1941. 3~1946. 7. 여흥초등학교
1946. 9~1951. 10. 여주농업중학교
1951. 10~1952. 3. 여주농업고등학교
1952. 4~1953. 3. 서울대학교 농과대학 부치 중등농업교사양성소
1953. 4~1960. 3. 서울대학교 법과대학
1958. 4~1960. 3. 서울대학교 대학원(법학석사)
1975. 2. 동국대학교 대학원에서 법학박사학위 취득
1980. 7~1981. 7. 미국 Columbia University에서 회사법 연구 (객원교수)
1992. 8~1993. 2. 일본 리쯔메이칸대학에서 회사법 연구(객원교수)

경력

1953. 7. 27. 제대(육특(丙) 160호, 육군 이등병, 군번 0787751)
1960. 4~1961. 3. 국민대학 강사

1961. 4～1961. 8. 국민대학 전임강사
1962. 3～1964. 2. 국민대학 강사
1963. 11～1966. 2. 이화여자대학교 법정대학 전임강사
1975. 3～1975. 7. 이화여자대학교 법정대학 교수
1975. 7～1998. 8 성균관대학교 법과대학 교수
1984. 3～1988. 1. 성균관대학교 법과대학 학장
1988. 2～1990. 2. 한국상사법학회 회장
1998. 8. 31. 성균관대학교 법과대학 정년퇴임, 국민훈장 석류장
1998. 9. 1~ 현재 성균관대학교 법과대학 명예교수
1999. 4. 1~ 2007. 3. 31. (일본)나고야경제대학 교수
2005. 8. 『수필문학』으로 등단(수필), 수필문학추천작가회 회원
2007. 1. 20. 한국수필문학가협회 이사
2007. 4. 1~ 2009. 3. 31. (일본)나고야경제대학 객원교수(전임)
2007. 4. 1~ 현재 (일본)나고야경제대학 명예교수
2007. 12. 한국문인협회 회원
2008. 6. 『문학시대』로 등단(시), 문학시대시회 회원
2008. 11. 문학의 집·서울 회원
2012. 9. 제8회 원종린수필문학상(작품상) 수상
2016. 6. 제6회 월산문학상 수상
2018. 4. 제16회 대한민국서예문인화대전 문인화부문 입선
2018. 8. 제15회 한국추사서예대전 문인화부문 입선
2019. 6. 제17회 대한민국서예문인화대전 문인화부문 삼체상 수상
2019. 8. 제16회 한국추사서예대전 문인화 부문 입선
2020. 5. 28.~2026. 5. 30. 서울대학교 법과대학 동창회 상임이사
2020. 11. 5.~ 대한민국 6·25참전유공자회 서울시지부 서초구지회 운영위원

2022. 5. 제32회 수필문학상 수상(한국수필문학가협회)
2023. 12. PEN문학상 수필부문 수상(국제PEN한국본부)

2. 해암 이범찬 교수의 연구실적

저서

1965. 5. 상공인의 상업법규 향문사
1966. 9. 상법예해(상) (서돈각·이범찬 공저) 법통사
1970. 5. 경영자(차낙훈·이범찬 외 4인 공저) 신영출판사
1972. 6. 상법예해(하) (서돈각·이범찬 공저) 국민서관
1973. 5. 상법강의(하) 국민서관
1976. 6. 주식회사감사제도론 법문사
1978. 9. 신공업소유권법 (이범찬·이수웅 공저) 지학사
1979. 4 상법강의 국민서관
1982. 5. 객관식 상법요해 삼영사
1984. 3. 상법개정안해설(손주찬·이범찬 외 4인 공저) 삼영사
1984. 4. 개정상법해설(손주찬·이범찬 외 4인 공저) 삼영사
1984. 9. 체계상법판례집3-1(이범찬·임홍근·김헌무 공편) 삼지원
1988. 12. 예해상법 상권 국민서관
1989. 1. 주식회사의 감사제도 한국상장회사협의회
1989. 6. 주석상법(Ⅱ-하)(손주찬·이범찬 외 4인 공저) 한국사법행정학회
1990. 5. 대학교육:사회과학분야(이돈희·이범찬 외 12인 공저)대왕사
1993. 2 체계상법판례집 3-1, 3-2, 3-3 (이범찬·임홍근·김헌무 공편)
성균관대학교법학연구소
1994. 10. 韓國會社法論 晃洋書房(日本)
1995. 5. 상법개정안해설(손주찬·이범찬 외 6인 공저) 법문사

1996. 2. [제6판] 상법요해 삼영사

1997. 2. 주식회사의 감사제도(이범찬·오욱환 공저) 상장회사협의회

1997. 2. [제4판] 상법개론(이범찬·최준선 공저) 삼영사

1997. 8. 상법(하) (이범찬·최준선 공저) 삼영사

1997. 12. [제7판] 상법요해 삼영사

1998. 9. 현대주식회사의 기관구조(이범찬·염정의 공저) 삼지원

1998. 12. 회사법의 제문제 삼지원

1998. 12. 해암의 자화상 삼지원

1999. 7. 주석 상법(Ⅲ)[회사법(2)] (손주찬·이범찬 외 4인 공저) 한국사법행정학회

2001. 2. [제7판] 상법개론(이범찬·최준선 공저) 삼영사

2001. 8. [제3판] 상법 (하)(이범찬·최준선 공저) 삼영사

2001. 11. 한국회사법(이범찬·임충희·김지환 공저) 삼영사

2002. 7. [제3판] 상법 (상)(이범찬·최준선 공저) 삼영사

2003. 4. [第2版] 比較企業法講義(日本語版) 三知院

2003. 4. [제4판] 주석 상법 [회사(Ⅲ)] (손주찬·이범찬 외 5인 공저) 한국사법행정학회

2003. 10. [제11판] 상법요해 (이범찬·김지환 공저) 삼영사

2004. 5. 韓國會社法講義(日本語版) 三知院

2004. 7. 韓國法概說(日本語版)(李範燦·吳旭煥·金知煥 共著) 三知院

2006. 4. 기행문집『지구촌의 여정』 교음사

2007. 4. 수필집『원숭이 목각』 교음사

2008. 7. 시집『바닷바위의 노래』 마을

2008. 12. 大韓民國法概說(日本語版)(李範燦·石井文廣 共編著) 成文堂

2009. 7. 시집『시클라멘을 마주하고 앉으면』 마을
2010. 2. 수필집『늙마의 외도』 소소리
2010. 10. 시조집『가을로 가는 나들이 노래』 마을
2011. 11. 시조집『노을녘을 달구며』 마을
2012. 8. 기행문집『발길 따라 물길 따라』 소소리
2013. 6. 시조집『푸른 동산』 마을
2014. 9. 수필집『어차피 가는 길을』 소소리
2015. 5. 시조집『바람 따라 구만리』 마을
2016. 1. 기행문집『낯선 땅을 찾아』 소소리
2016. 5. 편지모음『늦깎이 글집의 자국들』 소소리
2017. 3. 수필집『들판을 달리며』 소소리
2017. 6. 시조집『길손의 노래』 마을
2017. 9. 편지모음『내 글집의 자국들』 소소리
2017. 12. 수필선집『발자국을 돌아보며』 소소리
2018. 2. 『제2판 회사법』(이범찬 · 임충희 · 이영종 · 김지환 공저) 삼영사
2018. 4. 회고록『송암의 자화상』 소소리
2019. 2. 시조집『산마루를 오르며』 마을
2019. 10. 수필집『어느 결에 팔팔이』 소소리
2020. 1. 회고록『해암문학관』 소소리
2020. 6. 시선집『돌아본 들판길』 소소리
2021. 7. 시조집『인연의 메아리』 마을
2021. 8. 수필집『나그네의 가을걷이』 교음사
2022. 1. 편지모음『사연을 못 잊어』 소소리
2022. 3. 수필선집『노을의 향연』 교음사
2022. 7. 시조집『노을이 황홀해서』 마을

2022. 10. 편지모음 『다시 사연을 모아』 소소리
2023. 1. 회고록 『송암문학관』 소소리
2023. 5. 시조선집 『철 따라 바람 따라』 마을
2023. 6. 수필집 『설죽의 꿈』 교음사
2023. 8. 편저 『별들의 사랑방』 소소리
2024. 4. 시조집 『잃어버린 노래들』 마을
2024. 6. 수필선집 『노을녘을 즐기며』 교음사
2024. 7. 편저 『별들의 사랑방 · 2』 소소리
2024. 9. 문집 『골라준 글들』 마을
2024. 12. 편저 『별들의 사랑방 · 3』 소소리
2025. 4. 문집 『망백의 언덕길에』 마을

번역서

1961. 6. 『법의 새로운 길』 (고병국·이범찬 공역)
(Roscoe Pound, New Path of the Law) 법문사

1986. 3. 『현대상사법의 과제』 (이범찬·최준선 공역)
(Clive M. Schmitthoff, Commercial Law in a Changing Economic Climate) 성균관대학교출판부